A Description of the Habits of most COUNTRIES in the WORLD.

監修者――佐藤次高／木村靖二／岸本美緒

［カバー表写真］
チョコレート茶房
（南ドイツあるいは北イタリア、18世紀後半）

［カバー裏写真］
世界地図
（レオンハルト・オイラー編、ベルリン、1753年）

［扉写真］
世界の国々の衣服と風習
（ロンドン、1745年）

世界史リブレット **88**

啓蒙の世紀と文明観

Yuge Naoko
弓削尚子

目次

外の世界を照らし出す啓蒙の光
1

❶
啓蒙とは何か
7

❷
広がりつつある世界
24

❸
非ヨーロッパ世界のイメージ
37

❹
科学の光
54

❺
「人種」・ジェンダー・文明観
68

外の世界を照らし出す啓蒙の光

一七五四年、現在のポーランドの町グダンスク（ダンツィヒ）近郊に、ゲオルク・フォルスターという人物が生まれた。才気あふれる少年ゲオルクは、十一歳のとき、高名な自然科学者である父親とともにロシア奥地の調査旅行に参加した。十代後半には、やはり父親とともにイギリスの探検家クック▲の世界航海に同行し、世界を自分の眼で見、その経験をもとにロンドンで『世界周航記』を発表した。旅行記で脚光をあびたフォルスターは、著作活動を続けながらドイツの都市カッセルや、現在のリトアニアの首都ヴィルニュス（ヴィルナ）の大学で博物学を教え、ライン川沿いの都市マインツでは司書として働いた。世界の大海原を駆けめぐった彼の知的関心は、やがてヨーロッパの政治・社会問題

▼**ジェイムズ・クック**（一七二八〜七九）　イギリスの探検家。海軍にはいり、測量技官としてニューファンドランド地方で水路測量や日食の観測をおこなった。この経験を買われ、南太平洋学術調査の指導者に任命され、三度にわたる世界周航の旅にでた。

へと引きつけられていく。一七八九年、フランス革命が勃発すると、封建的な絶対主義に対して徹底的な批判者であった彼は、ジャコバン派▲の組織に加わりマインツ共和国を樹立する。しかし、この企ては失敗に終わり、一七九四年、革命の渦中にあるパリで、孤独と失意のうちに四〇年に満たない短い生涯を閉じた。——調査旅行と自然科学研究、著作活動、教授職と革命への参加。フォルスターの人生には「啓蒙の世紀」を象徴する活動が凝縮されている。

ヨーロッパの歴史において、十八世紀は「啓蒙の世紀」「啓蒙の時代」と呼ばれる。「啓蒙」とは、人間の理性に重きをおき、教育と知識の普及によって、無知蒙昧《もうまい》の段階から人びとを啓発することを意味する。学問・科学が発達する一方で、古い非合理な制度が見直され、ヨーロッパ各地で種々の社会改革がおこなわれた。「人権」の理念を掲げて、幸福と公正な社会が追求されるようになったのもこの時代である。

イギリスでは、人間の抵抗権や個人的自由を説いた政治思想家ロック▲に続き、経済の発展にともなうモラルの問題を論じたスコットランドの啓蒙知識人たち

▼ジャコバン派　フランス革命の指導的な集団の一つ。民衆運動に根ざした革命の実現をめざした。革命の激化とともに、急進的な行動にで、いわゆる恐怖政治をおこなった。

▼ジョン・ロック（一六三二〜一七〇四）　十八世紀の思想的発展の礎石を築いたイギリスの哲学者。『人間知性論』（一六八九年）で、経験にもとづく知識を論じ、人間の認識メカニズムを考察、『市民政府二論』（一六九〇年）では、政治権力の絶対性を否定し、国民の自由と政治的秩序との調和を論じた。

が傑出した仕事を残した。フランスでは、モンテスキュー▲や百科全書派の知識人たちが活躍し、革命の引き金となる急進的な政治運動が展開した。大小三〇〇あまりの領邦国家からなるドイツは、近代的な意味での統一国家にほど遠かったが、思想的営為では一頭地を抜いていた。「啓蒙とは何か」と問い、人間の理性と批判の可能性を探った哲学者カント▲や、宗教における寛容の思想を展開した文学者レッシング▲の功績が真っ先にあげられる。

　啓蒙主義は、このように各国の政治的・社会的・経済的状況を反映してそれぞれに特徴がみられた。しかし、啓蒙主義を国家単位に切り離して考えることは難しく、むしろ国家という枠組みにとらわれないことが肝要である。さきのフォルスターの人生において何よりも注目されるのは、国境をこえて活躍したコスモポリタンの姿である。

　十八世紀研究の第一人者であるスイスの歴史家U・イム・ホーフは、当時のヨーロッパには「諸国家を越えたコスモポリタニズム」がみられたと述べている。

　十八世紀のヨーロッパ諸国がつくりなす世界は、まだ国民主義的なもので

▼モンテスキュー（一六八九〜一七五五）　ボルドー近郊の法官貴族の家に生まれる。『ペルシア人の手紙』（一七二一年）で、異教徒の目をとおしてフランスの社会や政治を風刺し脚光をあびた。代表作『法の精神』（一七四八年）では、権力の分立・抑制理論を展開し、フランス革命に思想的支柱を与えた。

▼イマヌエル・カント（一七二四〜一八〇四）　東プロイセンの都市ケーニヒスベルク（現在のカリーニングラード）に生まれ、一七五五年から大学で教鞭をとる。彼の人間理性や自我の捉え方は、人間の自己信頼にもとづく近代思想を確立した。

▼ゴットフリート・E・レッシング（一七二九〜八一）　ドイツの劇作家・評論家。市民悲喜劇を発表するかたわら、批評や文芸理論、神学の分野でも鋭い分析力を発揮。『賢者ナータン』（一七七九年）は、宗教的寛容の精神をたたえる名作。

はなかった。——よしんばナショナリズムが至るところでひそかにまどろんでおり、やがては騒々しく目覚めることとなるにしても。この啓蒙の世紀は自己を「コスモス」、つまり全体的連関をもった世界と理解していた。（成瀬治訳）

実際、これまでおびただしい数の啓蒙主義研究がなされてきたが、一貫していえることとは、啓蒙主義は一国の歴史《ナショナルヒストリー》のなかでみることができず、ヨーロッパという「全体的連関をもった世界」の思潮として考えなければならない点である。

このようにしてヨーロッパという一つのまとまりを重視すると、つぎのような問いかけが新たに生まれる。すなわち、この「啓蒙のヨーロッパ」は、自分たちの「外の世界」をどのようにとらえていたのだろうか。啓蒙の光は、非ヨーロッパ世界をどのように照らし出していたのだろうか。本書では、この問いを軸に「啓蒙の世紀」について考えてみようと思う。

本書は、方法上、三つのことを念頭において進めたい。一つは、科学史研究の蓄積に目を向けるということである。ヨーロッパと非ヨーロッパ世界との交流の歴史において、「啓蒙の世紀」は大きな転機であった。そのころヨーロッパでは、キリスト教的な人間認識が衰退し、人間を「科学的に」とらえる知の大転換が生じていた。「人種」というカテゴリーが登場し、世界のさまざまな民族を、より精密に「客観的に」認識しようとする試みが始まった。同時に、ヨーロッパの外の人びとを「いまだ啓蒙されない人びと」「未開の人びと」とみなす発達史観も浮かびあがる。文明と未開の問題は、進歩の理念に心酔した啓蒙知識人たちによってさかんに論じられた。十八世紀末に形成されたこの文明観は、のちの「植民地主義の時代」「帝国主義の時代」の基盤を築きあげていく。

二点目は、啓蒙主義の主な担い手が「ヨーロッパ」の「白人」の「男性」知識人たちであったという事実を踏まえ、エスニシティ・「人種」・ジェンダーという概念を用いて批判的視座に立つことである。啓蒙主義という大義名分のもとに、彼らは、自分たちにとっての「他者」である非ヨーロッパ人や女性を啓蒙すべき対象ととらえ、差別の論理を巧妙につくりだしていった。白人ヨーロッパ男性の優位を浮彫りにする手法は、近年歴史学においても注目されているポストコロニアル研究▲からも示唆をえることができる。

　三点目は、すでに述べたことだが、国境にこだわらない、「国家」の枠をこえた考察である。十八世紀は国家《ネイション》の時代ではまだない。したがって、世界の海へ活発にくりだしたオランダやイギリス、フランスといった国々だけに対象を限定することはできない。国家的枠組みが未完成であるがゆえに十八世紀の歴史研究が手薄なドイツなども、積極的に考察の射程にはいってくる。

　ヨーロッパと非ヨーロッパ世界との関連を主題とする本書は、啓蒙主義研究の「正統」とはいえないかもしれない。しかし、地球規模の歴史、グローバルヒストリーの可能性が模索される昨今、「啓蒙のヨーロッパ」が世界をどのように見ていたのか、批判的に考えてみることも有効であろう。非ヨーロッパ人としての「われわれ」の立場を意識しながらのこうした試みは、ヨーロッパ中心主義的な西洋史研究の見直しにつながると思われる。

▼**ポストコロニアル研究**　旧・現植民地側、非ヨーロッパ側から発した西洋近代の知に対する批評活動で、パレスチナ系の知識人E・W・サイード(一九三五〜二〇〇三)の『オリエンタリズム』がその思想的端緒となる。一九九〇年代以降、おもに文学批評の分野で提示され、帝国主義や国民国家の問題を論じる歴史研究にも大きな波紋を投じた。

①—啓蒙とは何か

批判と理性

「外の世界」を照らし出す啓蒙の光について考える前に、まず啓蒙主義とは何だったのか、輪郭をとらえておきたい。

「啓蒙主義」の概念は、英語・フランス語・ドイツ語・イタリア語・スペイン語など、すべて「光」とか「照らす」といった言葉からなる。蒙昧《もうまい》なものに光をあて、無知なる者に教育をほどこし、偏見を正し、差別を直視し、その改善をはかる。この光源は批判の精神であった。

近代ヨーロッパ哲学の旗手カントは、彼の生きた時代についてつぎのように述べている。

われわれの時代は、あらゆることが批判の対象にならなければならない、批判の本来の時代である。（一七八一年『純粋理性批判』の序）

あらゆることに批判の姿勢で臨むこと。そうすることで人間は、外部の理不尽な導きに従ったり、見知らぬものに運命を翻弄されたりせずに、理性によって自由に行動することができる。それがカントのいう啓蒙の営為、すなわち「人間が自分の未成年状態から抜け出ること」であった。

　脈々と受け継がれてきた伝統も、絶対的な権力を誇る君主たちも、この時代にあっては、研ぎ澄まされた批判のやいばから逃れることは許されなかった。北ドイツには、シュレーツァーという辛辣《しんらつ》な絶対主義批判を展開した啓蒙知識人がおり、君主たちは彼を恐れたといわれる。ウィーンに座するマリア・テレジアは、ことあるごとに「シュレーツァーは何というだろうか」と周囲に問うて、彼の批判を気にかけていた。多くの君主たちが啓蒙思想家に助言を求め、彼らは啓蒙専制君主と呼ばれた。プロイセンのフリードリヒ二世はヴォルテールに、ロシアのエカチェリーナ二世は、ヴォルテールやディドロにそれぞれ教えを乞い、理性と批判にもとづく啓蒙思想を彼らの専制政治に反映させようと努めた。

　フリードリヒ二世とヴォルテールの二人を描いた銅版画が残っている（左頁下図）。机に座って羽ペンをもつほうがヴォルテール、外出先から帰り、馬を家来に託して部屋にはいってきたほうがフリードリヒ二世である。ヴォルテー

▼アウグスト・シュレーツァー（一七三五～一八〇九）　ドイツの歴史家・政治批評家。ゲッティンゲン大学教授。スラヴ研究で知られる一方、プロイセンの改革者シュタインなど多くの政治家や官僚を育てた。

▼フリードリヒ二世（一七一二～八六、在位一七四〇～八六）　領土を拡大し、プロイセンをヨーロッパの大国とした。出版の自由や教育改革など、ドイツ啓蒙主義の発展に欠かせない君主であった。学問・芸術を愛し、詩作や作曲も手がけた。

▼ヴォルテール（一六九四～一七七八）　フランスの文学者・歴史家・哲学者。彼の著作活動と交友関係は多方面におよび、その影響力から十八世紀を「ヴォルテールの世紀」とも呼ぶ。一七五〇～五三年にかけてフリードリヒ二世の文芸の師としてプロイセンに滞在した。

▼ディドロ（一七一三～八四）　フランスの思想家。ダランベールとともに『百科全書』の編集責任者。エカチェリーナ二世の厚遇をえ、ロシアには一七七三～七四年に滞在した。

●――**マリア・テレジア**（一七一七～八〇、在位一七四〇～八〇）　神聖ローマ皇帝カール六世の長女として生まれる。オーストリア継承戦争や七年戦争という難局をくぐりぬけ、内政では、農民保護や教育・司法改革、産業育成など啓蒙的な政策をおこなった。

●――**エカチェリーナ二世**（一七二九～九六、在位一七六二～九六）　ドイツの公女として生まれ、ロシアのピョートル三世と結婚。クーデターを起こして無能な夫を退け、帝位につく。教養を誇り、評論や戯曲なども書いた。ポーランド分割と対トルコ戦により領土拡大に成功した。

●――**フリードリヒ大王とヴォルテール**

ルは、王に何かを助言し、諭しているようで、一方、彼の言葉に耳をかたむけるフリードリヒの態度は慇懃《いんぎん》で、まるでヴォルテールの臣下のようにもみえる。この二人の関係を比喩的に暗示しているのが、右側奥に描かれた馬と召使である。絵の構成からみると、この背景は、前景にある君主と啓蒙思想家のコントラストをなしている。暴れ馬を制御しようとする召使は、絶対権力を掌中におさめる君主を、その手綱でうまくさばく啓蒙思想家を映し出しているようにも考えられる。

知の大転換

「啓蒙の世紀」には、それまで価値観の源泉であったキリスト教に対しても批判の眼が向けられた。ディドロやラ・メトリー▲といった無神論者たちの活躍はそのあらわれである。しかしここで考えたいのは、神の存在を否定したり、信仰そのものを批判するというラディカルな姿勢ではなく、キリスト教的な価値観を、人間の理性的思考の対象として批判的に対峙する地道な活動である。聖書の記述を土台とする自然観、人間観、世界観はもはや絶対視されることは

▼ラ・メトリー（一七〇九〜五一）
フランスの哲学者・医者。一七四八年に匿名で『人間機械論』を発表、人間を「自身でねじを巻く機械」と論じた。宗教界から攻撃を受け、プロイセンのフリードリヒ二世のもとに移り、ここで没した。

なく、「真理」の追究と個々人の信仰の告白は別の問題となっていった。キリスト教的な知から離脱し、近代科学の諸分野が胎動を始める時代の到来である。「科学革命」▲とも密接にかかわっているこの大きな知の転換を、「聖俗革命」(村上陽一郎)と呼ぶこともできる。人間の認識の土台が「聖」から離れ、「俗」に移るという意味である。

キリスト教的な知の世界では、人間がもつ知識には、万物の創造主である神がかならず介在した。人間が自然について思索するとき、「神―自然―人間」という三者の包括的な関係の上に知が築かれていたのである。しかしルネサンスをむかえ、宗教改革においてカトリック＝普遍の絶対性が否定されて以来、「神の真理」として保証されていたために疑われることのなかった「真理」の根拠や、神の理性と渾然《こんぜん》一体をなしていた「人間の認識」そのものが根底から問い直されることになった。

このような知の大転換は二つの段階をへて進められた。第一に、知識を所有する人間が世俗化していく段階。つまり、「神の恩寵に照らされた人間だけが知識を担い得る、という原理から、すべての人間が等しく知識を担い得る、と

▼**科学革命**　実験と観察を重んじ、数学的なアプローチを用いる合理的な思考により、十七世紀後半には自然科学が近代的な学問として確立した。ニュートンの物理学に代表される一連の科学上の大変革を指す。

いう原理への転換」が起こる。「知」が聖職者の独占物であった時代は終わりを告げた。この第一の段階を強力に推し進めたものが、『百科全書《アンシクロペディ》』▲であろう。「アンシクロペディ」とは、もともと「諸学問の連鎖」を意味するという。人間知識の体系が、『百科全書』をひもとくことによってだれにでも等しく共有される。例えば、フランスの『百科全書』における日本に関する記述は、本文と図版を合わせて六五項目ある。これを読めば、東アジアで熱心に布教活動をおこなったイエズス会士と接触しなくても、また鎖国中の日本に滞在したケンペル▲の名を知らなくても、日本の政治から文化、風俗まで広範な情報をえることができる。フランスの『百科全書』の発行は、イギリスのチェンバーズ▲による『サイクロピーディア』(一七二八年、全二巻)がきっかけになったといわれる。これらのほかにも、この時代、ドイツのツェードラー▲による全六四巻の知識・技芸全般にわたる大事典など、知の世俗的な体系化が大がかりに進められていた。

知の大転換の第二の段階では、人間の認識における神の存在が効力を失う。ここでは、アメリカ大陸をめぐる知のあり方を取り上げてみよう。聖書には、

▼『百科全書』　フランスでは一七五一年から刊行。ディドロとダランベールの編集責任のもと、二五〇名をこす執筆者が協力し、本文全一七巻、図版一一巻という膨大な量が生み出された。

▼エンゲルベルト・ケンペル(一六五一～一七一六)　ドイツの博物学者・医者。オランダ東インド会社の商館員として、一六九〇年から二年間日本に滞在し五代将軍綱吉に謁見した。彼の『廻国奇観』や『日本誌』は、日本に関する大事典の体を成す。

▼エフライム・チェンバーズ(一六八〇?～一七四〇)　項目を相互に参照できるよう工夫し、近代百科事典の基礎をつくった人物。フランスの『百科全書』や一七六八～七一年に刊行された『ブリタニカ百科事典』などに影響を与えた。一七二九年、王立協会の会員に選出される。

▼J・H・ツェードラー(一七〇六～五一)　ブレスラウとハンブルクで修業を積んだのち、ライプツィヒで書籍業・出版業をいとなむ。彼が

編集した大規模な事典の正式タイトルは、『今日までに人間の悟性と才知によって発見され改良された全学芸の完全大百科事典』。

当然のことながらアメリカ大陸に関する記述はなく、したがって、そこに生きている人びとも存在していない。だから十五世紀末にコロンブスが「発見」したのは、――彼自身はアジアの一部と信じていたが――「新大陸」であり「新世界」と呼ばれた。聖書の記述と「新大陸」の存在をどう整合させるか。神の存在を知らない「新大陸」の住人たちも、アダムとイヴの子孫なのだろうか。神学者たちにはこのような「難題」が突きつけられた。ところが、聖書から離れてしまえば、探検旅行によって「発見」される地域や、世界各地に生きる多様な信仰をもつ人びとを自由に解釈することができる。神学的な世界像や人間像から脱却し、人間そのものを研究対象とする人類学の登場である。「啓蒙の世紀」は、ヨーロッパの外の世界との接触により、知のあり方を、窮屈なキリスト教の枠組みから解き放つ時代であった。

啓蒙知識人たちの組織とメディア

こうした知の大転換によって、新たな「知識人」が生まれ、知の環境や組織が変化していった。ギルド的な構造をもつ伝統的な大学や教会、修道院にかわって、王立アカデミーや科学協会が新しく知の中枢組織となっていく。十七世紀末に設立されたロンドンの王立協会《ロイヤル・ソサエティ》、パリの科学アカデミー《アカデミー・デ・シアンス》、そしてこれらをモデルに、ベルリン、マドリード、サンクト・ペテルブルク、ストックホルム、コペンハーゲンなど、十八世紀にはヨーロッパ各地にアカデミーや科学協会が設立された。十八世紀の知識人は、こうした学術的な組織と無関係ではありえなかった。ニュートン▲は、一七〇三年から亡くなる二七年まで王立協会の会長を務め、ダランベール▲は、パリの科学アカデミーの会員であり、アカデミー・フランセーズの終身幹事であった。ルソーはディジョンのアカデミーの懸賞論文に応募して『学問芸術論』を著し、ヘルダー▲やメンデルスゾーンは、ベルリンのアカデミー懸賞論文の受賞者であった。

　とはいっても、啓蒙知識人たちが大学と袂《たもと》を分かっていたわけではない。たしかに、フランスではアカデミーやサロンのはたした役割は大きく、神学を中心とする旧態依然とした大学はむしろ啓蒙知識人（フィロゾーフ）たちとしばしば対立関係にあったが、スコットランドやドイツ、オランダなどでは、新しいタイプの大学が創立され、また古くからの大学でも改革がおこなわれて、啓蒙

▼アイザック・ニュートン（一六四三～一七二七）　イギリスの物理学者・数学者・天文学者。一六六九年にケンブリッジ大学の教授に就任。一六七二年に王立協会の会員に推挙された。

▼ダランベール（一七一七～八三）　フランスの数学者・物理学者・哲学者。ディドロと協力して『百科全書』を編集し、数学・自然科学分野を中心とする多数の項目を担当した。彼は、プロイセンのアカデミーでも受賞し、会員に選出されている。

▼ヨハン・G・ヘルダー（一七四四～一八〇三）　ドイツの思想家・文学者。ケーニヒスベルクでカントから批判哲学を学び、その深い思想と学識からゲーテに影響を与える。『人類の歴史哲学考』には、壮大な人類史が叙述されている。

●―ヨーロッパ各地のアカデミー設立（一六〇〇〜一七八九年）

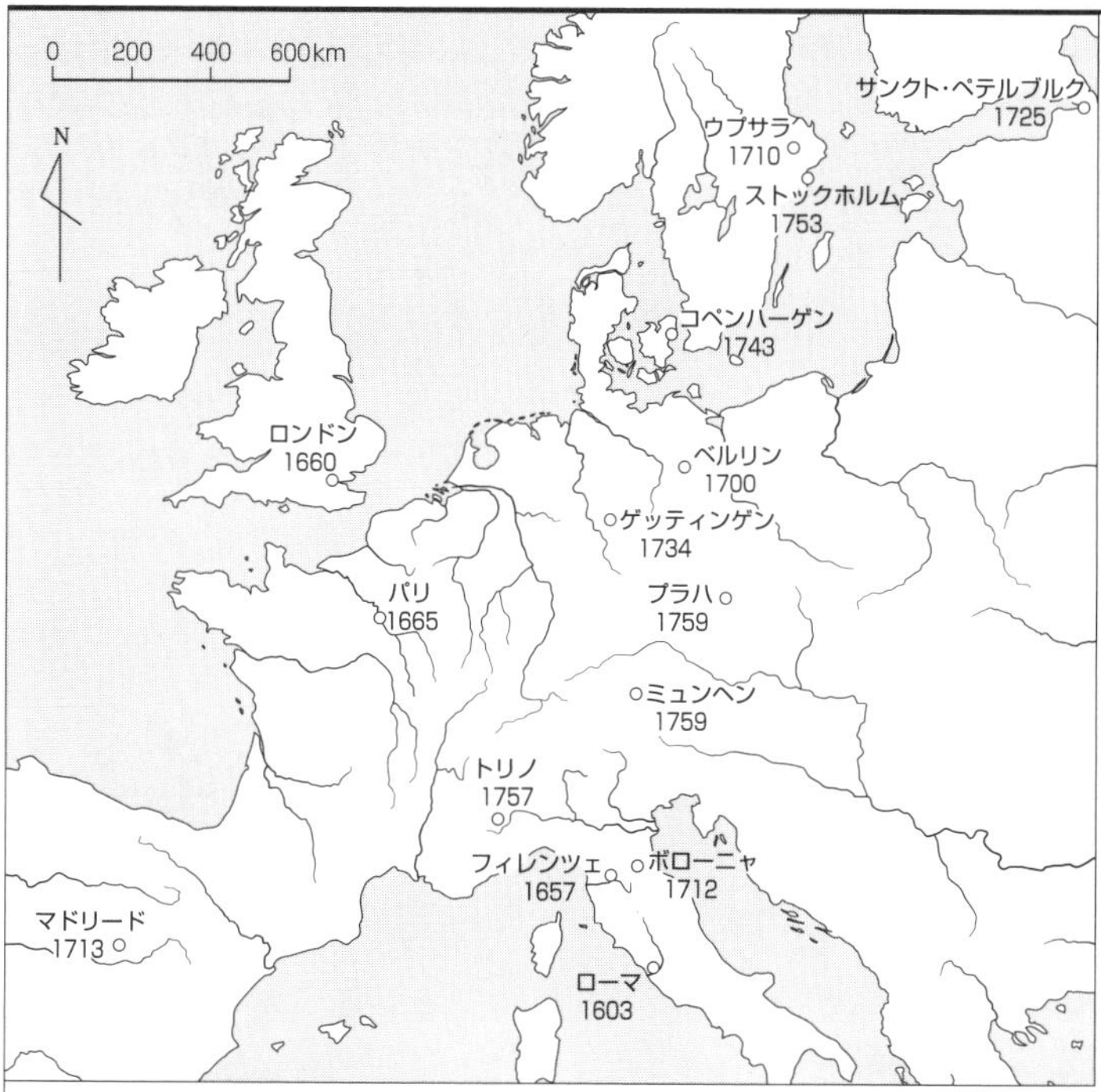

●―ジャン=ジャック・ルソー（一七一二〜七八）　ジュネーヴに生まれ、パリで文筆活動を始める。『百科全書』にも寄稿。『人間不平等起源論』（一七五五年）や『社会契約論』（一七六二年）で、人間と社会・国家のありようを問い、幸福な自然状態に対する文明社会の弊害を鋭く指摘した。

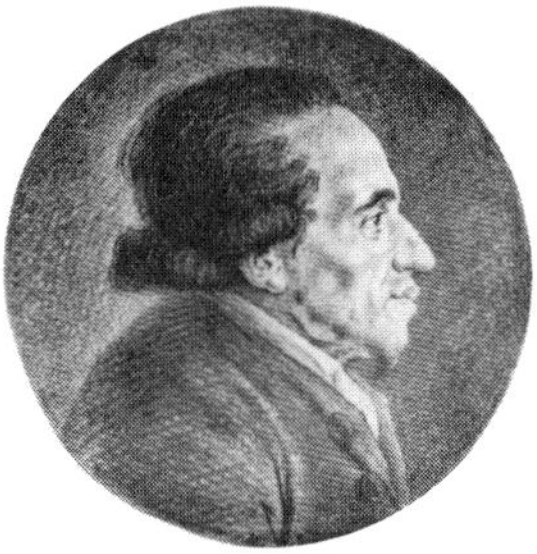

●―モーゼス・メンデルスゾーン（一七二九〜八六）　ユダヤ人の啓蒙思想家。キリスト教徒とユダヤ教徒との対話を実現し、ユダヤ教徒たちに対する啓蒙活動（ハスカラー）を展開した。作曲家F・メンデルスゾーンの祖父にあたる。

●―アダム・スミス（一七二三〜九〇）　スコットランド生まれの哲学者、経済学者。一七五一年にグラスゴー大学の論理学のポストに就き、翌年に道徳哲学の講座に移動。主著『国富論』（一七七六年）は、近代経済学の幕開けを告げる書。

の時代の教育と研究を担う自由な知の活動がいとなまれた。アダム・スミスが教鞭をとったグラスゴー大学、ヒューム▲の学んだエディンバラ大学、トマジウス▲がラテン語でなくはじめてドイツ語で講義したことで時代を画すことになったハレ大学、絶対主義の厳しい批判者シュレーツァーが活躍したゲッティンゲン大学などが代表的である。こうした大学においては、伝統的な知の中心であった神学部がその指導的な地位を追われ、新しい学問分野の講座に主眼がおかれるようになった。

　アカデミーや大学のほかにも、各種の学術的な協会や読書クラブ、コーヒーハウス、サロンなどがそれぞれ知の普及と洗練の一翼を担った。十八世紀の出版活動もめざましい。自らの見解を出版物をつうじて広く社会に問うという姿勢は、啓蒙期に促進され、また啓蒙期をより豊かに発展させた。著作家の数は増え、出版物の増加▲は目を見張るものがあった。聖書や神学関係の書物と比べて、評論や文芸書など世俗的なジャンルの広がりがこの時代の特徴だった。また、知識人たちの学術活動が、それまでのラテン語中心でなく、英語やフランス語、ドイツ語、イタリア語などの「世俗言語」でおこなわれるようになり、

▼デイヴィット・ヒューム（一七一一〜七六）　スコットランド生まれの哲学者・歴史学者。経験と観察を基礎に、人間の自然本性に関する学問である「人間学」を提唱。スミスとともにスコットランド啓蒙主義の主流をなした。

▼クリスチャン・トマジウス（一六五五〜一七二八）　ドイツの法学者・哲学者。一六九四年からハレ大学で教授を務める。幸福を最高の目的とする合理的な法理論を説き、ドイツ啓蒙主義の先駆者と位置づけられる。

▼出版物の増加　現在も開催されているライプツィヒの有名な書籍メッセのカタログによると、一七六三〜一八〇五年の約四〇年間に出版された書籍数は、それ以前の四〇年間の一〇倍以上を数えた。

●――**ジョフラン夫人のサロン**　ジョフラン夫人(一六九九～一七七七)のサロンには、ヴォルテール、ルソー、ディドロや画家ブーシェ、外国の王族の姿もみられた。ヴォルテールの悲劇『中国の孤児』の朗読会に多くの人びとが集まっている。

●――**新聞を読む人びと**　十八世紀後半には、会員が共同で新聞や雑誌を購読する読書クラブが流行し、貸本屋も多く登場した。人びとが読書するこのような空間は、世論を形成する政治的な場にもなった。

ラテン語で書かれた印刷物は相対的に減っていった。

　こうした世俗言語で書かれたメディアの発達は、近代のナショナリズムの基層をなす「国語」の成立にも寄与することになる。しかし、この時点では、一部のエリートによって独占されていた伝統的な知の状況を打破した側面が強調されるべきであろう。実際、さまざまな社会的出自の知識人たちが国境をこえてまじわり、既存権力に屈することなく啓蒙主義の理想を熱く語った。「学者の共和国」の理念である。フランスやイギリスの探検家がヨーロッパの外の世界に船出し、旅行記をつうじて南洋諸島の「未開」の生活ぶりを伝えると、十八世紀後半に創刊ラッシュをみた啓蒙雑誌の誌上で、あるいは、ロンドンのコーヒーハウスやパリのサロン、ベルリンの読書クラブなどの知的交流の場で、それらは話題となったのである。「啓蒙の世紀」をむかえたヨーロッパ世界は、「啓蒙されたわれわれ」という共通認識をはぐくみながら、知の営為によって一つにまとめられていく。

解放思想

「啓蒙の世紀」の原理となった理性と批判の精神は、身分や宗教、性別などの社会的束縛から、個々人を解放すべきであるという思想を生み出した。身分制社会にはらむ不条理が鋭く指摘され、隷属状態にある農奴の解放が各地で取り組まれ、特権階層や手工業ギルドに対しても社会変革が数々試みられた。

長いあいだ、迫害と差別によって苦しめられてきたユダヤ教徒の境遇もかえりみられた。レッシングは、戯曲『賢者ナータン』(一七七九年)のなかで、「すべての徳行に対して開かれ、すべての美に敏感な心の持ち主」であるユダヤ人ナータンを主人公にし、寛容の精神のすばらしさと偏見からの脱却を説いた。ベルリンでは、『ユダヤ人の市民的改善について』▲(一七八一年)という書物が公刊され、「野蛮と宗教的偏見によって引き起こされた抑圧のみが、ユダヤ人を堕落させてきた」と語り、「市民」としてユダヤ人を解放することの可能性と必要性を論じた。ウィーンでは、ヨーゼフ二世の寛容令▲により、ユダヤ人に対する居住地や職業・衣服の規制が解かれ、ユダヤ人の法的解放が進んだ。革命前夜のフランスでもユダヤ人解放は議論の俎上にあがり、革命期にはユダヤ人

▼**『ユダヤ人の市民的改善について』**(一七八一年)　著者はプロイセンの官吏クリスチャン・ヴィルヘルム・ドーム(一七五一～一八二〇)。ユダヤ人の著名な思想家メンデルスゾーンの勧めによってペンをとった。多くの啓蒙雑誌に書評が掲載されるなど反響は大きく、これを受けて第二部(一七八三年)が発表された。

▼**ヨーゼフ二世の寛容令**　ヨーゼフ二世(在位一七六五～九〇)によって一七八二年に発布。宗教・教会政策が中心で、非カトリック教徒に信仰の自由を許容し、公民権上の同権を認めた。

の完全な法的解放▲がかちとられるにいたった。

解放思想は、また女性に関しても説かれた。一七九二年にベルリンで『女性の市民的改善について』▲という書物が匿名で発表された。ユダヤ教徒解放と女性解放の書物のタイトルが一致している点は注目すべきであろう。ユダヤ教徒も女性も、同じく抑圧された者と認識され、ふさわしい教育と生活環境が整えば、社会に有益な成員となりうる、という功利主義的な考え方が解放思想にはみられた。

女性が自らペンをとり、女性の権利を社会に主張した著作も発表された。ウルストンクラフト▲は教育改革によって女性の地位向上を訴え、『女性の権利の擁護』を著した。グージュ▲は、フランス革命の人権宣言が男たちの権利のみを対象にしたにすぎないという点を鋭く指摘し、いわゆる「女権宣言」を発表した。しかしこうした女たちの声は、もっぱら男性知識人たちで構成された知的環境《ミリュー》において真摯《しんし》に受け止められることはなく、やがて忘却の淵に追いやられてしまう。

ウルストンクラフトとグージュに関する最近の研究では、彼女たちが黒人奴

▼**ユダヤ人の法的解放**　フランス革命のさなかである一七九一年、ユダヤ人は即時無条件に市民権が与えられた。その後、ナポレオンの反動的な政策により、ユダヤ人の権利は制限された。

▼**『女性の市民的改善について』**　著者はカントの友人でケーニヒスベルクの市長も務めたテオドーア・フォン・ヒッペル（一七四一〜九六）。機知に富んだ論調で女性の高等教育や政治参加について語った。

▼**メアリ・ウルストンクラフト**（一七五九〜九七）　イギリスの女権論者・文筆家。ロンドンの急進主義的知識人と交流。女性の意識改革や経済的自立、参政権の獲得などの必要性を説き、女性解放論の先駆者となった。

▼**オランプ・ド・グージュ**（一七四八〜九三）　フランスの劇作家。パリで文筆と演劇活動をおこなう。奴隷制反対をテーマとする作品も含め数々の戯曲を発表。革命を批判し、その扇動的な言動により逮捕、処刑され恐怖政治の露と消えた。

●――**「人権宣言」** 鎖を解く女神と、女性化した天使が、自由のアレゴリーとして描かれているが、ここで説かれた「人権（ドロワ・ド・ロム）」とは男性の権利（ドロワ・ド・ロム）であった。

●――**ウルストンクラフト** 「人類の半分である女性は、哀れなアフリカの奴隷と同じように、偏見に屈するべきなのでしょうか」（『女性の権利の擁護』より）。

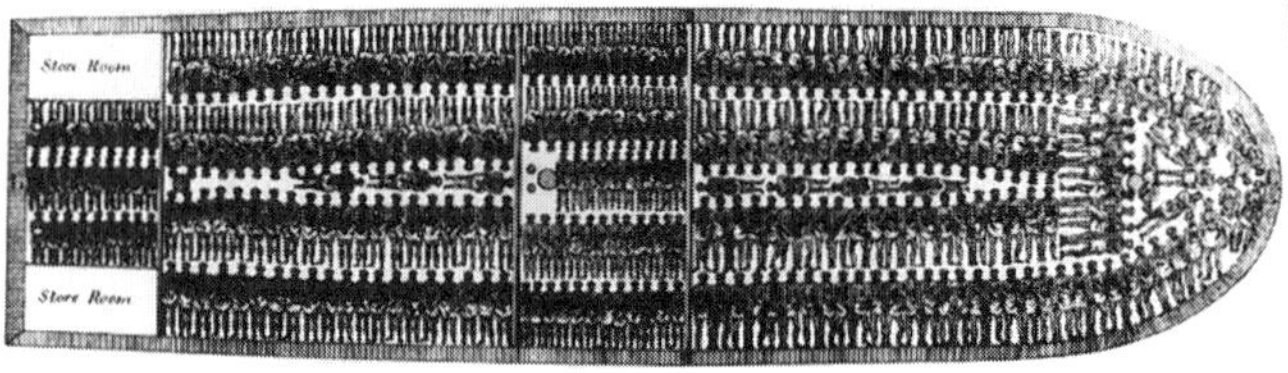

奴隷の運搬マニュアル　できるだけ多くの奴隷を運ぶため工夫がなされる一方、船内は非衛生で死者も多数でた。

隷の問題と照らし合わせて女性の状況を語ったという点が注目されている。ウルストンクラフトは、女性とアフリカ奴隷の隷属状態を類比させ、グージュは、黒人奴隷制度をまっこうから批判する戯曲を書き、上演をめぐって世間を騒がせた。しかし、当時の人権思想が女性に対して限界をみたように、奴隷制をめぐる議論でも大きな壁が立ちはだかっていた。

十五世紀から十七世紀初頭までに約五〇〇万人のアフリカ人がヨーロッパの奴隷商によってアメリカへ運ばれたといわれるが、十八世紀にはその十数倍の約七〇〇〇万人というおびただしい数の黒人奴隷がアフリカから駆り立てられた。輝かしい「啓蒙の世紀」の舞台裏には、狭苦しい船倉に押し込められ大西洋の荒波にもまれた黒人の悲痛なうめきが聞こえていた。十八世紀の銅版画がそのようすを伝えている（上図参照）。

人権思想、平等思想を説いた啓蒙主義者にとって、黒人奴隷の解放は焦眉の問題であった。ヨーロッパでも当のアメリカでも、反奴隷制協会が設立され、コーヒーハウスや読書クラブでもこの話題が聞かれた。しかしそこに集う啓蒙知識人たちが、コーヒーに砂糖をいれて飲み、タバコをくゆらせながら奴隷貿易反対論を唱えるとき、彼らもまた植民地製品の消費者として奴隷貿易を潤わせていたのである。ヨーロッパの快適な社交の空間から、奴隷貿易に直接従事しているプランター（農園主）や貿易商に、啓蒙の理念を掲げて厳しい批判の言葉を投げかけるのはたやすい。イギリスでは、一七七六年に奴隷貿易廃止法案が議会にかけられたものの、現地のプランターや奴隷商の反対にあって先送りとなった。フランスでは、革命期の一七九四年に奴隷制が廃止されたが、ナポレオンにより復活された。奴隷解放をめぐっては、十九世紀に議論が持ち越された。

ユダヤ教徒、女性、黒人奴隷に、その社会的・法的な解放が実現されるのは、ずっと先のことであった。解放の理念が示されても、それを打ち消すための「客観的」論拠もまたさかんに捻出された。それは、彼らをヨーロッパ人男性と対等な立場につくことのできない「他者」として位置づける「科学」であった。この点については、第四章で掘り下げてみよう。

②—広がりつつある世界

植民地戦争

十八世紀のヨーロッパ諸国間の関係について興味深いのは、ヨーロッパ内の戦争と連動して、彼らの植民地、すなわちヨーロッパの外の世界で、勢力争いがくりひろげられたことである。

十六世紀末にスペインの無敵艦隊を破ったイギリスは、比較的早くからカリブ海や北米大陸に進出していた。エリザベス女王時代のヴァージニアを皮切りに、ピルグリム・ファーザーズ▲が入植して礎を築いたニューイングランドなど、着々と植民地建設に邁進《まいしん》した。他方、フランスも十七世紀に本格的に北米大陸に進出し、ケベックを拠点にカナダの広大な土地、ヌーベル・フランスを統治し、大陸南部のミシシッピ川流域にもルイ十四世▲の名前にちなんだルイジアナを建設した。

一七〇一年、スペイン王家が断絶の危機に陥り、その継承権を主張したルイ十四世と、これに反対するオーストリア、イギリス、オランダが戦争を始める

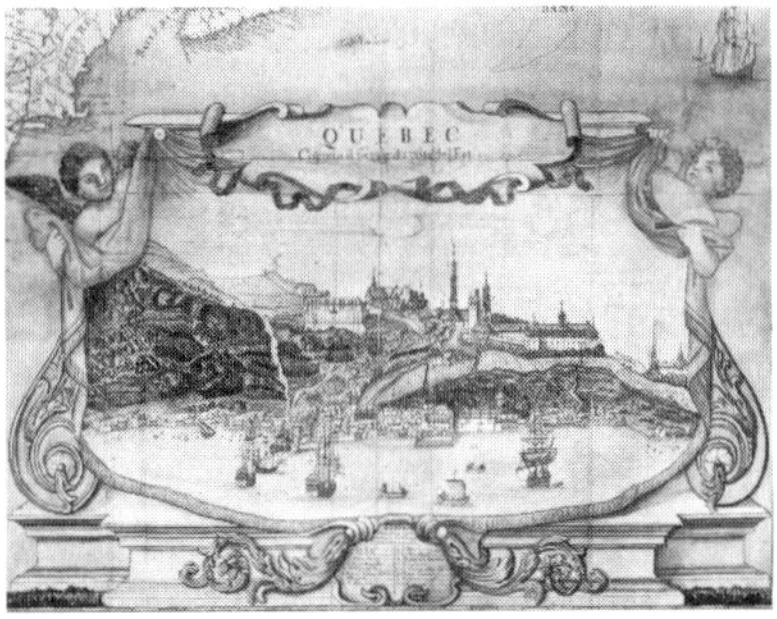

ヌーベル・フランスの首都ケベック

▼ピルグリム・ファーザーズ　一六二〇年、信仰の自由を求めて渡米し、プリマス植民地を開いたイギリスのピューリタンの一団。

と(スペイン継承戦争)、北米の植民活動で反目し合っていた英仏間でも戦端が開かれた(アン女王戦争)。一七四〇年には、マリア・テレジアのオーストリア王位継承をめぐり、スペインやプロイセンなどヨーロッパ諸国が介入する戦争が起こるが、これも北米大陸の植民地争奪戦に波及した(ジョージ王戦争)。続いて、シュレジアの帰属をめぐってオーストリアとプロイセンが対立する七年戦争では、英仏がそれぞれの陣営を援助し、アメリカではフレンチ・インディアン戦争、▲インドではプラッシーの戦い▲が起こった。イギリスは、これらの植民地戦争に勝利し、世界に冠する地位を確固たるものにした。

一七六三年のパリの平和条約では、植民地の勢力図が大きくぬりかえられた。北米ミシシッピ川以東のルイジアナ、カナダ、ドミニカなどがフランスからイギリスにわたり、ミシシッピ川以西のルイジアナはフランスからスペインへ、そしてフロリダがスペインからイギリスに譲渡された。つまるところ、フランスは北米大陸の植民地をほとんど失い、海外における覇権争いに負けたのである。こうした敗北のあおりを受け、フランスの国家財政はかたむき、国民の大半を占める農民の生活は疲弊、革命の導火線に火を点けた。

▼ルイ十四世(一六三八〜一七一五、在位一六四三〜一七一五)　「太陽王」とも呼ばれるフランス絶対王政最盛期の国王。幾多もの侵略戦争によって領土を拡大。彼の治世に完成したヴェルサイユ宮殿は、太陽王の威光を象徴している。

▼フレンチ・インディアン戦争(一七五四〜六三年)　フランス軍が、アメリカ先住民の諸部族と連合して戦ったため、この名がついた。当初フランスが有利だったが、イギリス本国からの応援部隊によって戦局が変わった。

▼プラッシーの戦い(一七五七年)　インドのカルカッタ北部プラッシーでは、イギリスの東インド会社軍とフランス軍が火花を散らした。イギリスはこの勝利によりベンガル支配を確立した。

経済的な打撃は、世界の七つの海を制した戦勝国イギリスでも深刻であった。七年戦争終結後、イギリスは厳しい課税政策に乗り出し、植民地の経済活動に規制を加えた。植民地側としては、本国議会への発言権もないまま一方的に課税されて不満が募り、議会と植民地のあいだの亀裂は深まっていった。このようななかで、アメリカ東部一三州で独立の動きが起こり、本国イギリスとの戦争が始まる。一七七六年、アメリカは独立を宣言するが、イギリス軍との戦いは激化し、植民地争奪戦で恨みをのんだフランスはじめ反イギリス諸国が植民地側を援助してようやく終盤をむかえた。アメリカの独立は、一七八三年パリの講和条約で正式に認められた。

　このほかにも、十八世紀には世界各地でヨーロッパ宗主国側と植民地側とのあいだで、武力衝突があった。ラテンアメリカでは先住民による反乱▲が起き、スペイン部隊が苦戦している。アフリカ南部のケープ植民地では、先住民対策にオランダ人民兵が組織された。一八〇〇年には南インド一帯で農民らが反英反乱にで、新生国アメリカでも黒人奴隷の反乱▲が起こっている。こうした争いも、大きくは十八世紀の「植民地戦争」といえるであろう。これらすべての火

▼ラテンアメリカ先住民の反乱　一七四二～五六年にインカ帝国復活を唱えるファン・サントス・アタワルパの反乱、八〇～八一年にはインカ皇帝の末裔と名乗るトゥパク・アマルーの反乱のほか、リマでは「インディオ共和国」が先住民により計画され、首謀者が極刑になるなど血なまぐさい衝突が続いた。

▼黒人奴隷の反乱　一八〇〇年、ヴァージニア州でガブリエル・プロッサー率いる反乱が起こり、南部全体に反乱の拡大を計画。首謀者の三〇名以上が絞首刑になり、各地で暴動が起こった。

▼重商主義政策　絶対王政下で、国家財源を豊かにするため、金銀を確保し、商品作物の供給源と市場の拡大をめざした経済政策。保護関税政策や国家主導の国内産業の育成がおこなわれた。イギリス・フランス・オランダでみられ、十八世紀末まで実施された。

種は、ヨーロッパの商業資本主義の飽くなき利潤追求であった。重商主義政策▲によって加速した植民地経済は、世界各地で争いの犠牲者を増大させていた。

植民地経済システム

十五世紀半ばの大航海時代の幕開け以降、ヨーロッパの経済活動は大きな変貌をとげた。ヨーロッパ経済の関心は、それまでの北アフリカ、小アジア（アナトリア）を含む地中海交易圏から大西洋をつうじて広く世界へと向けられた。まずは、スペイン、ポルトガルが「新大陸」に地歩を築き、十六世紀後半にはオランダが東アジアを中心に進出、十八世紀にはイギリスとフランスが台頭し、グローバルな世界経済システムがかたちづくられていった。

アメリカの経済学者ウォーラーステインは、長い時間軸をとり、一四五〇・一五〇〇〜一六〇〇年を世界経済システムの上昇期、一六〇〇〜一七五〇年を三十年戦争による経済の下降期、一七五〇年からをふたたび上昇期とまとめている。ヨーロッパ大陸内では「十七世紀の危機」と呼ばれ、経済不況により飢饉や疫病、暴動、騒乱などが頻発した。十八世紀にはいると、イギリスで南海泡沫《ほうまつ》事件▲を契機に大恐慌が起こったが、イギリスとフランスのあいだでおこなわれた植民地戦争に決着がつき、産業革命が始動するとともに、「世界経済の拡大の時期」が始まった。その拠点となったのは、アムステルダム・ロンドン・リヴァプール・ボルドー・ナントで、さらに一七八〇年代には、北海沿岸に位置し大西洋交易に有利な条件をもつハンブルクも加わり、ヨーロッパの外に向けた貿易が展開していった。

ヨーロッパにはいってきた植民地製品は、東インドからの香辛料、アメリカからの砂糖やタバコ、綿花、獣皮、東アジアからの絹と茶などであった。十八世紀末には、イギリス・中国・インドのルートがつくられ、いわゆる三角貿易によってイギリスの綿製品がインドに、インドのアヘンが中国に、中国茶がイギリスへと交易が展開した。十九世紀のアヘン戦争の種はここで植えつけられていた。モノばかりでなく大量のヒトも移動し、ヨーロッパから西アフリカへ武器や雑貨が売られ、それと引き換えに何百万という黒人奴隷がアメリカ大陸へとわたった。

お茶、コーヒー、カカオといった嗜好《しこう》飲料は啓蒙知識人たちを魅了し、彼ら

▼南海泡沫事件　一七一一年に設立された南海会社は、ユトレヒト条約(一七一三年)でスペイン領への奴隷の独占的供給権を獲得し、株価は急騰。これに続き多くの株式会社が乱立し株式ブームとなったが、期待した収益はなく、一七二〇年に株価は大暴落した。現在用いられる「バブル経済」の語源となった事件である。

三角貿易(十八世紀末)

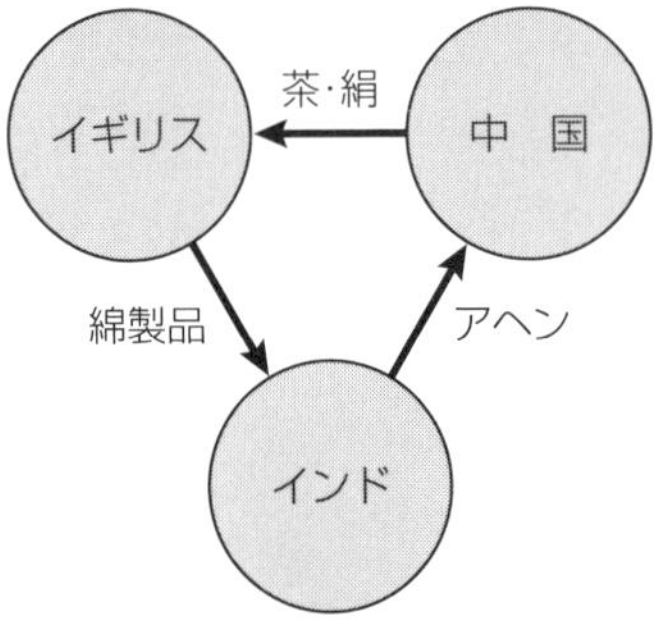

の生活の必需品となった。旧来から飲まれていたビールやワインといったアルコール飲料と違い、コーヒーや紅茶は脳の働きを活発にさせることもあって、知識人たちの生活に浸透した。コーヒー豆も茶もカカオも、気候上、ヨーロッパで栽培することができない。コーヒーは、はじめアフリカ産のものをアラブ商人から買いつけていたが、十七世紀以降、フランスやオランダが、それぞれの植民地であるアンティル諸島と東インドでコーヒー栽培に乗り出し、ヨーロッパに輸入されるようになった。「辺境」の海外植民地で栽培され加工されたコーヒーが、世界経済システムの「中核」である西ヨーロッパ諸国によって安価に買い取られた。植民地をもたず、経済システムの「中核」にはまだ参入できない「半辺境」の地ドイツにも、十八世紀になるとコーヒーが多くもたらされるようになった。

十八世紀半ばのドイツにおけるコーヒー消費量は、種々の抑制対策が講じられるほど増大した。コーヒーに対する課税、販売や加工の公営化、さらにはコーヒー禁止令まで出されている。コーヒー消費とともに砂糖の需要も高まり、プロイセン王はこの植民地製品にとってかわる砂糖大根(てんさい・ビート)の

▼砂糖大根の研究開発　プロイセンの化学者A・マルクグラーフ(一七〇九〜八二)は、寒冷地での栽培に適したビートに糖分が含まれていることを発見し、砂糖の抽出に成功した。その後ビートからの砂糖製造方法が開発され、十九世紀初頭には最初のビート工場が建てられた。

研究開発▲を全面的に支援した。しかし、ビートの砂糖が一般的に流通するようになったのはのちのことで、十八世紀には、砂糖といえば熱帯のプランテーションで多くの黒人奴隷によって栽培・収穫され、大西洋をこえてヨーロッパにもたらされた砂糖キビによる製品であった。一八〇〇年のドイツ市場には、植民地製品が輸入品全体の二〇%近くを占めていたという統計もあり、「啓蒙のヨーロッパ」の消費生活はヨーロッパの外の世界なしにはまかなえなかったといえる。

十八世紀にイギリスやフランス、オランダのような植民地経済システムの「中核」地域ばかりでなく、ヨーロッパ各地でコーヒーや紅茶、チョコレート(ココア)が広く飲まれていたことは、多くの絵画が示している。啓蒙知識人たちがそれらを口にするとき、ときにははるか彼方のエキゾチックな異国の地に思いを馳せ、想像力を駆り立てられたであろう。

左頁下の図は、一六七一年にリヨンの商人によって描かれ、多くの版と翻訳が出された「新しくめずらしい」飲み物に関するパンフレットの口絵である。左にはコーヒーを飲むアラブ人、中央にはお茶を飲む中国人、右側にはココア

●——**女性たちの茶話会**　「半辺境」の地ドイツでも女性たちの社交の場にお茶が重要な位置を占めた。

●——**コーヒー、お茶、ココアのイメージ**

を飲むアメリカ先住民が描かれている。それぞれの飲み物のポットも特徴的である。啓蒙知識人たちの知の営みは、日常生活で手にする植民地製品をつうじても、ヨーロッパの外の世界とつながっていたようだ。そして「啓蒙の世紀」には、こうしたモノばかりでなく、今まで以上に世界各地の新たな情報がヨーロッパにはいり、人びとの思索に影響を与えていた。

探検旅行

世界の地理的輪郭は、コロンブスの船出から三〇〇年がたとうとした十八世紀にやっとつかめるようになってきた。ヨーロッパの啓蒙の光は、数々の探検旅行によって地球上の未知の土地を照らし出そうとしていた。

まずヨーロッパとは陸続きでありながら、厳しい自然条件のため、なかなかその地理地形が明らかにされなかった極東地域では、ロシアが調査を始めた。ピョートル大帝▲に命じられたベーリング▲は、二回のカムチャツカ探検により、アジアとアメリカが陸続きでないことを確認、その海峡にはのちに彼の名前が冠された。彼が率いる探検隊は、シベリア・北氷洋岸・北太平洋と調査をおこ

▼ピョートル大帝（一六七二〜一七二五、在位一六八二〜一七二五）　ロシアの皇帝ピョートル一世。首都をバルト海に面したペテルブルクに移し、西欧をモデルにしたさまざまな改革をおこなった。常備軍を整え、官僚制度を確立、ロシア絶対主義を築いた。

▼V・ベーリング（一六八一〜一七四一）　デンマークの探検家。ロシア海軍にはいりピョートル一世に仕えた。

ベーリングの最期

ない、アラスカの海岸にも達した。ベーリング自身は、途中、無念の死をとげるが、有能な隊員たちが調査を続行し、極東地域・北太平洋地域に関する地理的・民族学的な発見をヨーロッパに伝えた。

　この探検隊はインターナショナルなメンバーで構成されていた。ミュラー▲、グメーリン▲らドイツ人を筆頭に、フランス人、スウェーデン人も調査員として同行した。この探検隊を率いたベーリング自身、デンマークの人間である。ピョートル大帝は、西欧の科学、技術、芸術を強く意識し、多くの外国人をまねき自国の発展に努めた。彼の発案によって一七二五年に創立された科学アカデミーは、当初会員のほとんどが外国人であったという。一七六八年から七四年にかけて、アカデミーはシベリアの研究旅行を企画するが、そこで活躍したパラス▲もプロイセンから招聘された外国人会員だった。こうしたことからもロシアの探検旅行の成果はロシア国内にとどまらず、広く知られるようになった。

　コロンブスの時代に「新世界」がアメリカ大陸であったならば、十八世紀の「新世界」は太平洋地域だったといわれる。ベーリングらによって北太平洋沿岸地域が明らかにされたが、世紀半ばになると、南太平洋地域でフランスとイ

▼**G・F・ミュラー**（一七〇五〜八三）　ドイツ生まれの探検家・歴史家。ライプツィヒ大学などで学んだのち、ペテルブルクで教鞭をとる。ロシアの歴史編纂をまかされ、「ロシア史研究の父」ともいわれた。モスクワにて没。

▼**J・G・グメーリン**（一七〇九〜五五）　ドイツの博物学者・探検家。ベーリングとの探検後、テュービンゲン大学で植物学と化学の教授となった。

▼**P・S・パラス**（一七四一〜一八一一）　ドイツの植物学者。エカチェリーナ二世にまねかれ、シベリアを探検。南ロシアまで調査対象を広げ、地質・動植物・歴史・民族研究をおこなった。

ギリスが「発見」の旅を競っていた。植民地戦争が終結し、英仏の覇権争いは舞台と演出を変えてくりひろげられたのである。長く信じられていたテラ・アウストラリス・インコグニタ（未知の南方大陸）▲の伝説が探検家たちによって打ちくずされ、オーストラリア大陸の截然《せつぜん》とした姿が地図上に描き加えられた。

十七世紀半ば、オランダ東インド会社から派遣されたタスマン▲は、東南アジアのバタヴィアから出発し、オーストラリア沿岸を通り、タスマニア島を「発見」、ニュージーランドの一部にも到達した。この時点ではオーストラリア大陸の全貌はまだわかっていない。十八世紀、オーストラリアは「ニューホランド（新オランダ）」と呼ばれ、オランダの覇権を知らしめていたが、一七六〇年代にはいるとフランスとイギリスが南太平洋へ進出してきた。フランス人で最初に世界周航をとげたブーガンヴィル▲、彼のライヴァルと称されるイギリスのクックがソロモン諸島やハワイ諸島などつぎつぎと南洋諸島を「発見」、領有宣言をおこなっている。ブーガンヴィル島、クック島は、タスマニア島と同じく現在でも用いられている名称である。

ところでブーガンヴィルは、航海者となる以前から、数学者としての名声を

▼テラ・アウストラリス・インコグニタ　古代より、南方には北半球の陸地と釣合いのとれる、知られざる大陸が存在すると信じられ、大航海時代からその発見をめざして探検がおこなわれた。

▼A・J・タスマン（一六〇三〜五九）オランダの探検家。タスマニア島、ニュージーランド南島、トンガ諸島やフィジー諸島などを「発見」し、太平洋の探検航海におけるその偉業から十七世紀最大の航海家といわれる。バタヴィアで没。

▼L・A・ブーガンヴィル（一七二九〜一八一一）　フランスの航海家・数学者・軍人。カナダでイギリス軍と戦い、七年戦争にも参加。世界周航後、ナポレオンにより元老院議員、伯爵に叙せられる。ブーゲンヴィレアという熱帯の植物は彼の名にちなむ。

クックのイギリス領有宣言　一七七〇年四月、クック一行は、現在のシドニーに上陸し、英国旗を掲げて領有宣言をした。

もち、ロンドンの王立協会の会員でもあった。クックも沿岸測量の技術に長《た》けており、冷静な科学者の眼をもっていた。実際、ロンドンの王立協会がクックに依頼したこの旅の使命は、本来、天文学調査の遂行であって、純粋に学術的なものであった。クックの船には、天文学者や博物学者、地図製作者、画家が乗船していた。一七六八年から三度にわたって世界周航をはたしたクック一行は、いわば彼らの科学のまなざしによって南方大陸の伝説に挑み、オーストラリア大陸の実態を明らかにしたのである。

「啓蒙の世紀」の探検旅行には共通した特徴があるといわれている。第一に、政府やアカデミーなど学術機関が企画する学術旅行であったということである。これまでのように、イエズス会宣教師たちによる布教目的とか、市場開拓という経済的な目的は表向きには掲げられず、ロシア科学アカデミーや英国王立協会が要請する学術的な国家プロジェクトとして企画された。探検家たちには、前人未踏の地に踏み込む勇敢な冒険者であると同時に、鋭い観察眼をもってその土地を調査する怜悧な科学者であることが期待された。

第二の特徴は、こうした探検家たちが、旅の収集物や記録を広く世間に知ら

クックの収集物　トンガ諸島の釣具と、貝殻でできたバッグ。

しめたことである。いいかえれば、探検家たちの経験知を公開する場が、この時代には十分に用意されていた。動植物や昆虫、道具や衣類など、現地で彼らが熱心に集めた博物学的・民族学的な収集物は、裕福な商人の個人的な奇物展示室だけではなく、一七五三年に設立された大英博物館など、公共の博物館や大学博物館の展示ケースにおさめられた。ブーガンヴィルやクックの一行は、詳細な周航記を著すだけではなく、南洋諸島の島民をヨーロッパに連れ帰り、パリやロンドンで宮廷や知識人たちに披露した。探検家たちによる旅行記は、各地の読書クラブで読まれ、コーヒーハウスやサロンで話題になった。

世界が広がりつつあり、こうした情報の共有が「啓蒙のヨーロッパ」の人びとの一体感を生み出した。十八世紀の出版メディアの発達と国境をこえた知識人のネットワークの存在がもつ意味は大きい。啓蒙の時代に生きる「われわれヨーロッパ人」という意識が、高い誇りとともに生まれつつあったといえよう。例えば、イギリス人とフランス人両者のあいだにさまざまな差異がみられても、太平洋の未開人の前では相対化されてしまうのである。こうしてグローバルな見地に立って、ヨーロッパ人共通の文明観が形成されていった。

「ロビンソン」のモデル　セルカークという船乗りがチリの海岸沖の無人島に四年間暮し、イギリスに帰還した。このできごとは当時大きな話題となり、『ロビンソン・クルーソー』の下敷になった。

③—非ヨーロッパ世界のイメージ

ロビンソンのまなざし、ガリヴァーのまなざし

十八世紀には、学術的な探検旅行によって世界全体がヨーロッパの科学の射程にはいるようになるが、その一方で、この世紀は、外の世界に関するファンタジーを大きく膨らませた時代でもあった。旅行文学の金字塔といわれる『ロビンソン・クルーソー』(一七一九年)と『ガリヴァー旅行記』(一七二六年)は、ともに十八世紀初頭に生み出されている。両作品とも、純粋な空想上の産物というより、世界各地に船出した旅行者たちの記録をもとに成立した物語である。世界中で翻訳され、長く読み継がれている二つの作品を分析してみよう。そこには、ヨーロッパの外の世界に対する二つの見方を読み取ることができる。

イギリスで乗り込んだ貿易船が難破し、絶海の無人島に漂着したロビンソンは、二五年にわたる孤独なサバイバル生活をへて、ある日、はじめて一人の人間に出会う。少し長いが有名なシーンなので引用してみよう。

……私は手招きしてもっと近くによびよせ、考えつくかぎりのあらゆる激

励の身ぶりを示してやった。彼は少しずつ近より、およそ十歩か十二歩ごとにひざまずいて命を助けられた感謝の意を示した。……とうとう私のすぐそばまできた彼は、そこで再びひざまずき、地面に接吻したのち頭をそこにつけ、私の足をかかえて自分の頭にのせた。これは永久に私の奴隷になる誓いのしるしらしかった。（平井正穂訳）

「人食い人種」におそわれ、恐怖にわななく「哀れな野蛮人」の命をロビンソンが銃で救ったところから、この「野蛮人」とロビンソンの関係は始まる。彼らの言葉はおたがい通じず、身振り手振りのコミュニケーションである。しばらくして、ふたたび彼は地面に頭をすりつけ、ロビンソンの片方の足をかかえて自分の頭の上に載せた。

それがすむとこんどは服従や隷属や従順を示す、想像しうるかぎりのありとあらゆる身振りをしながら、なんとかして一生涯私に仕えたいということをしらせようとした。……最初に、彼の名前を金曜日（フライデイ）にきめたということをおぼえこませた。彼が私に救われた日だからだ。私は彼をそういうふうに名付けてその日の記念にしたかったのである。また同じ

ようにして旦那様（マスター）という言葉をおぼえさせ、それが私の呼び名であると教えてやった。（平井訳）

ロビンソンは、この男の（本来の）名前をたずねることなく、一方的に彼に名前を与える。それから三年のあいだ、ロビンソンはフライデイに英語を教え、聖書を読み合わせて彼を熱心に教化していった。主人と忠僕の関係、教える者と教えられる者の関係は、銃という文明の産物を持つ者と持たざる者という当初の関係から定まっていた。

やがてロビンソンに帰国のチャンスがめぐってくるが、このサバイバル・ストーリーの結末は、無一文ながらも命からがら帰還する、というものではない。ロビンソンは帰路、財を成し裕福になってイギリスの地を踏むのである。非ヨーロッパ世界に船出し豊かになって帰ってくるというサクセス・ストーリーは、植民地経済のメリットをも伝えている。イギリスに帰国後、ロビンソンはふたたび島を訪れ、島全体の彼の所有権を確認し、本国から職人や技術者を送り込み、植民者ロビンソン物語はここに完成する。

デフォー▲による『ロビンソン・クルーソー』は、「単独の作品としては、世

▼**ダニエル・デフォー**（一六六〇～一七三一）　イギリスのジャーナリスト・小説家。時評の週刊誌を発行し、スコットランド併合問題など政治的テーマを積極的にあつかった。『ロビンソン・クルーソー』はデフォーの最初の小説。

界文学の中で最も翻訳・模倣・簡略・改造版が多い物語」(岩尾龍太郎)といわれている。デフォーの作品以降、多くの「ロビンソンもの」が登場し、植民地を膨張させるヨーロッパ諸国で愛読された。自ら「発見した」土地を領有し、先住民に対する教化と馴致《じゅんち》をおこなうロビンソンは、ヨーロッパ植民者の原型となった。

ちなみに、『ロビンソン・クルーソー』の前提にあるヨーロッパの優位は、フライデイに対してのみ示されたわけではない。デフォーによる続編『ロビンソン・クルーソーのその後の冒険』で、ロビンソンは自分の植民地を訪れたのち、マダガスカルやインド、フィリピンやシャム(タイ)、中国、中央アジアなど世界各地を旅するが、現地の人びとは、彼の目には一貫して「野蛮人とそう大差のない未開の異教国民」としか映らないのである。そうした未開の民を横目で見つつ、彼のふところは彼の冒険心と同じように満たされていく。ヨーロッパに帰還し彼が数えあげた収益金は「三千四百七十五ポンド十七シリング三ペンス」、それに数個のダイヤモンドであった。無人島の暮しのなかで、損益計算書をつくって合理的な生活をしていたロビンソンである。この緻密な数字に、植民地経済システムのなかに生きる近代経済人の姿が垣間見られる。

他方、十八世紀を代表するもう一つの旅行文学、スウィフト▲の『ガリヴァー旅行記』は、非ヨーロッパ世界に対してロビンソンとは異なったまなざしを投げかけている。

医術を心得ているガリヴァーという男が船医として船に乗り込み、難破するごとに奇妙な国にたどりつく。小人国(リリパット)、大人国(ブロブディンナグ)、飛島(ラピュータ)や馬の国(フウイヌム国)などファンタジーあふれる舞台の設定と、ガリヴァーの冒険心がこの小説の魅力である。この作品のメッセージは、イギリス政府の酷薄さやヨーロッパ人の残忍な性質、科学や人間理性への批判、さらに人間そのものに対する手厳しい風刺である。とくに、知性をもった馬が統治するフウイヌム国では、人間と動物の立場が逆転し、人間に対してスウィフトがいだく憎悪や絶望感が吐露され、強烈な印象を与える。このインパクトにかくれてしまっているが、「啓蒙の世紀」における非ヨーロッパ世界へのまなざしを考えるうえで、漂着したさまざまな国に対するガリヴァーの姿勢は注目に値する。

▼**ジョナサン・スウィフト**(一六六七〜一七四五)　イギリス人の両親をもつ、アイルランド生まれの風刺作家・詩人。聖職につくかたわら、宗教・政治・学問の腐敗を鋭く突く文筆活動をおこなう。圧迫されたアイルランドのためにイギリス当局を激しく攻撃する論考も発表した。

この作品にでてくる奇想天外な国々は、架空とはいえ、ガリヴァーがヨーロッパから大海原に船出していることから、難破地はすべて非ヨーロッパ世界ととらえることができる。英文学者のA・ケースは、ガリヴァーのたどった足跡を再現し、物語の舞台が十八世紀の新世界、環太平洋地域をベースにしたものと論じている。

ガリヴァーは日本にも立ち寄っているが、日本はこの作品のなかで唯一実在する国である。当時日本については、ケンペルの旅行記以外情報はほとんどなく、スウィフトにとってはファンタジーの国とさして変わりはなかったのかもしれない。それはそれとして、ガリヴァーはどの国にたどりついても現地の言語を身につけ、そこにいる人びとと交流し、その地の価値観、世界観を尊重しようとしている。不自由を感じたり不条理なことを経験したとしても、ヨーロッパ人としての優越意識をあらわにすることはほとんどない。むしろガリヴァーは、かの地で、イギリスひいてはヨーロッパ批判をおこなっている。作中に登場する国々は、そのために設定された舞台装置である。ロビンソンのようにヨーロッパ文明の優位をかざして植民地化しようとする目論見《もくろみ》はなく、一

〈ガリヴァー旅行記〉

	作家スウィフト	主人公ガリヴァー
主体の位置	アイルランド	架空の国々 （非ヨーロッパ世界＝環太平洋地域）
現地民に対するスタンス	アイルランドの人びとの生活にとけこむ	各国の言語を習得し生活にとけこもうとする
精神的立脚点	イギリス／ヨーロッパ批判	

＊非ヨーロッパ世界はヨーロッパ批判のために設定された舞台

〈ロビンソン・クルーソー〉

	作家デフォー	主人公ロビンソン
主体の位置	イギリス	孤島 （非ヨーロッパ世界＝チリ海岸沖）
現地民に対するスタンス	ロビンソンに投影？	フライデイ（啓蒙化、教化の対象）に対する主従関係をきずく
精神的立脚点	植民地経済礼賛	

＊非ヨーロッパ世界は支配の対象

●**A・ケースによるガリヴァーの活動領域図**　ベーリングやクックの探検以前、太平洋地域は未知のヴェールでおおわれていた。アメリカ大陸やオーストラリア大陸は一部の沿岸しか把握されていない。

定の期間をへて帰国のめどが立つと、ガリヴァーはその国から立ち去り、二度と戻ることはない。

『ガリヴァー旅行記』には、作者スウィフトによるイギリス批判が主軸にあると考えられる。彼が人生の大半を過ごしたアイルランドは、イギリスのもっとも近い植民地である。イギリス人の両親をもって生まれた「イギリス人」スウィフトは、彼が生活し、こよなく愛するアイルランドの側に立って「宗主国」イギリスを批判している。これはイギリス＝ヨーロッパ人ガリヴァーが、ヨーロッパの外で自国の批判をおこなっているスタンスとかさなっている。スウィフトもガリヴァーも本来、宗主国の人間でありながら、植民地（アイルランド＝非ヨーロッパ世界）の価値観を理解し、植民地主義に抗しているのである。

こうしてみてくると、デフォーの『ロビンソン・クルーソー』とスウィフトの『ガリヴァー旅行記』は、ヨーロッパの外の世界に対して二つのあい異なるまなざしをあらわしているように思える。「ロビンソンのまなざし」は、ヨーロッパ人の優越を前提とするコロニアルなまなざしである。「ガリヴァーのまなざし」は、非ヨーロッパ世界をかならずしも支配の対象とせず、ヨーロッパ中心主義や植民地化を批判するまなざしである。このような二つのまなざしは、多くの読者の心をつかんだ旅行文学にみられただけではなかった。

啓蒙思想家と旅行記

ほとんどの啓蒙思想家たちは、デフォーやスウィフトと同様、自らは一度として ヨーロッパの外の世界へと旅立ったことはなかった。しかしコロンブス以来、新世界のイメージは大なり小なりヨーロッパの思想に影響をおよぼしていた。モア▲の『ユートピア』(一五一六年)はその顕著な例で、そこでは、新世界の海に浮かぶ島で理性と平等にもとづく生活を送る人びとが描かれ、腐敗した現実世界がシニカルに考察されている。「ガリヴァーのまなざし」を生み出したスウィフトが、モアのこの作品を愛読書としていたことは偶然ではないだろう。

十八世紀の啓蒙思想家たちにとって、非ヨーロッパ世界に関する情報は、モアの時代よりも格段に増えていた。これらの旅行記は、彼らの批判精神を刺激し、彼らの思索のための重要な材料であった。

モンテスキューは、『ペルシア人の手紙』を著す際、一三年以上トルコやペ

▼**トマス・モア**(一四七八～一五三五) イギリスの人文主義者・政治家。『ユートピア』の第一部はイギリス批判、第二部は理想国家像が描かれている。

ルシア、インドを旅した宝石商人シャルダン▲による『ペルシア紀行』を資料とした。この作品は、あるペルシア人がヨーロッパに旅し見聞した事柄を、彼の留守を守っているハーレムの女性たちや臣下に伝える書簡文学だが、そこではペルシア人の目をとおしてフランスの政治、宗教から風俗までが痛烈に批判されている。ルソーの『人間不平等起源論』では、スペインの旅行家コレアル▲による『西インド旅行記』やドイツの旅行家コルプ▲によるアフリカの旅行記を下敷に、自然状態が想定されている。ルソーは、所有の概念も嫉妬もなく、ゆえに社会的不平等もない自然状態を描き出し、文明進歩がもたらした社会の不平等を糾弾した。

ブーガンヴィルの『世界周航記』にインスピレーションを受け、補遺というかたちで啓蒙の批判精神を発揮したのは、ディドロである。ヨーロッパの旅行者に対して、タヒチの長老をして、例えばつぎのようにいわせている。

わしらの風習に構い立てしなさるな。お前の風習よりもずっと賢くてまっとうなものなのじゃから。わしらはお前がわしらの無学とよんでおるものを、お前の無用な知識などと交換したくないのじゃ。（浜田泰佑訳）

▼ジャン・シャルダン（一六四三～一七一三）　豊かな宝石商の息子として生まれ、最高の教育を受ける。一六六五年の最初のペルシア訪問後、ペルシア語を学び再度旅立つ。ペルシア滞在中、かの地の政治、宗教、文化を丹念に研究し、帰国後、詳細な旅行記を発表した。

▼フランシスコ・コレアル（一六四八～一七〇八）　スペインの旅行家。一六六六～九七年に西インド諸島に滞在。彼の旅行記は、フランス語に翻訳出版され広く読まれた。

▼ペーター・コルプ（コルベン）（一六七五～一七二六）　ドイツのハレで神学、哲学、数学を学んだのち、一七〇五年から喜望峰に滞在し、博物学的・地理学的な研究からコイコイ族の文化研究まで幅広い調査をおこなった。

タヒチの長老の口から表現される、ヨーロッパの植民地化に対するディドロの批判は厳しい。

わしらは自由でおるのに、お前は事もあろうに、わしらが今後奴隷になるという書きつけをわしらの土地に埋めた。お前は神でもなければ悪魔でもない。それじゃ、他人を奴隷にしようとするお前は一体何者なのか？……「この国はわれわれの属領なり」。この国がお前の国じゃて！　何が故に？お前がこの土地を踏んだというわけでか？　それじゃ、かりに一人のタヒチ人がおって、ある時お前の国の海岸に上陸し、石の上なり樹の肌なりに、「この国はタヒチ島民に属すものなり」と彫りつけたとすれば、お前は果たしてそれをどう考えるか？（浜田訳）

植民地経済に関しては、ヴォルテールの批判も容赦ない。現在、ミュージカル作品としても親しまれている彼の冒険恋愛小説『カンディード』からつぎの一節を紹介したい。世界各地を旅する主人公カンディードがオランダ領スリナムに着いたときの黒人奴隷との会話である。地べたに横になっている男には、左足と右手がない。そのわけをカンディードがたずねると、砂糖工場で働いていて、臼に指をくわれたら手を切られる、逃げようとすりゃ脚を切られる、おいら、こいつを両方ともやられたんだ。そのおかげで旦那方はヨーロッパで砂糖が食えるんですぜ。しかし、おっ母あがギニアの海岸で、おいらをパタゴニアの銀十枚で売った時にいいましたがね。可愛い坊や、物神様を拝んでいつもお礼を申しなよ。仕合せにして下さるんだからね。白人の旦那方の奴隷になるのは名誉なもんだ。……おいらを改宗さしたオランダの物神様は日曜たんびに、おいらは白人も黒人もみんなアダムの子だとおっしゃる。おいら、系図学者じゃねえが、もしこの宣教師らのいうことがほんとうなら、おいらはみな又従兄弟だ。してみりゃあ、親類をこんなにむごい目にあわせるなんて、ねえ旦那、とてもできるこっちゃねえ。（吉村正一郎訳）

植民地経済批判、奴隷貿易批判、キリスト教批判をファンタジーのなかで展開するヴォルテールは、「ガリヴァーのまなざし」を生み出したスウィフトと共鳴している。

▼**モンテーニュ**（一五三三〜九二）
フランスの思想家・モラリスト。『随想録（エセー）』には、先入観を捨て客観的に物事を考える大切さが説かれ、人間性一般についての深い考察がなされている。

「高貴な未開人」と食人種

「ガリヴァーのまなざし」は、非ヨーロッパ世界のポジティヴなイメージ、とりわけ「高貴な未開人」のイメージと結びついているように思う。「高貴な未開人」あるいは「善良な未開人」という考えは、アメリカの先住民を弁護した思想家モンテーニュ▲の著作など以前からみられた。十八世紀後半には、この概念はもっぱら、当時「発見」されたばかりのオーストラリアの先住民や南洋諸島民に用いられた。ブーガンヴィルは、タヒチに到着したとき、あまりの美しさに「エデンの園」にたどりついたと思ったようだが、地理的な美しさ、食糧調達の心配もいらない気候風土の良さは、ヨーロッパの探検家にはまさに楽園であった。家々は無防備に開け放たれ、島民たちは従順で子どものように無邪気であどけない。「幸福な自然状態」に生きる彼らは、「文明に毒されず、自然の法則に従って生きる人びと」であった。こうしたタヒチ島民の描写は、所有の概念を知らず、虚栄心もわずかで、人間同士の不平等というものがほとんどない、ルソーの自然状態の描写に近い。

「高貴な未開人」は旅行記や啓蒙書に登場するだけではなかった。一七六九

オマイの肖像　ヨーロッパの画家によって描かれたタヒチの青年の姿は、西洋の人物像の枠を出ず、どこかしらヨーロッパ的である。

年、ブーガンヴィルはオトゥールという若いタヒチ島民を、一七七五年にはクックがオマイというタヒチ島民を、それぞれパリとロンドンに連れ帰った。オトゥールはルイ十五世と、オマイはジョージ三世に謁見し、宮廷や社交界、学者たちのサークルなどで好奇の目にさらされた。オトゥールもオマイも、ヨーロッパ滞在のあいだ、フランスとイギリスの言葉を覚え、作法を習得し、「善良な未開人」のイメージを裏切らぬ印象を残して島に戻っていった。

「善良な未開人」像が描かれる一方で、「野卑な未開人」というネガティヴなイメージも少なくなかった。世界の未開の地に実際足を踏み入れた旅行家たちは、「未開人」の盗みや狂暴な行為に手を焼き、集団リンチや「人食い」の習慣に怯えた。南洋諸島を遠征したクック探検隊について、その航海記から隊員たちが銃を発砲した回数を数えた研究がある。これによると、第一次航海で一九回、第二次で一八回。原因は、先住民の盗難と彼らの攻撃に対する防衛が多かった。とくに金属製品は「未開人」の関心を引いたようである。

北太平洋沖に航海したフランスのラ・ペルーズ▲の記録も、先住民たちの盗癖についてリアルにそのようすを伝えている。

▼**ラ・ペルーズ**（一七四一〜八八）　フランスの探検家。ルイ十六世の命を受けて一七八五年から北米沿岸、太平洋諸島、日本海、ラ・ペルーズ海峡（宗谷海峡）を通過してカムチャツカに達した。彼が本国に送っていた航海記録をもとに『世界周航記』が一七九七年に出版された。

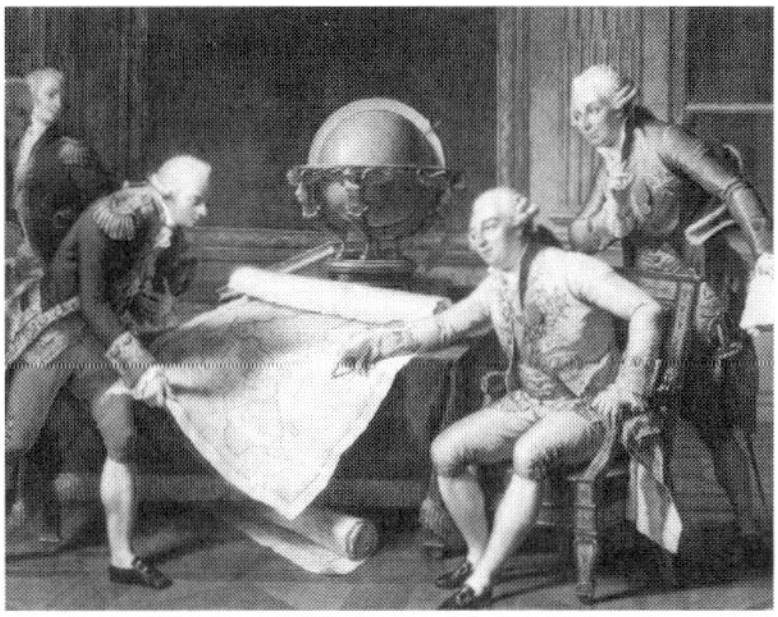

ラ・ペルーズとルイ十六世　地図の左側がラ・ペルーズ。座って太平洋を指差しているのが，彼に調査旅行を命じたルイ十六世。

彼らはあらゆる機会を狙って，われわれから物品を盗もうとする。引きはがすことの容易な金物はすべて引きはがして持っていく。とくにどうしたら夜分にわれわれの監視をあざむくことができるか研究している。私は原住民たちのうちの何人かの主だった者をわが艦に招いて，彼らに山のような贈り物をした。これらの者たちを，わたしはとくに丁重に扱ったわけだが，そんなにしてやっても彼らは釘や古い半ズボンを盗むことを忘れなかった。彼らがにこにことうれしそうな顔をしているのは，まちがいなく何かを盗んだ証拠だったが，わたしはたいてい気づかないふりをしていた。

（榊原晃三訳）

所有の概念がない「自然状態」では，なるほど窃盗という罪の概念も成り立たないのかもしれない。いずれにせよ，島民の盗みを防ごうと始終用心しなければならず，また彼らから投石や棍棒の襲撃を受けたヨーロッパの探検家たちにとっては，その地はかならずしも「幸福な自然状態」ではなかった。

「人食い」の習慣は，古くから未開民族の野蛮性をきわだたせるものとして語られてきた。「食人」を意味するカニバリズムという語は，もともとアン

『ゲッティンゲン・ポケットカレンダー』(一七七六年)**に掲載されたニュージーランド人のイメージ**
食人のモチーフが描かれている。

クックの最期

ティル諸島のカリブ人から派生したものである。ロビンソンの物語に登場する「食人種」が有名だが、十八世紀後半にはニュージーランドの「食人種」も話題となっている。「啓蒙の世紀」における新たな民族との出会いが、あらためて未開人のもつ攻撃性に警戒心をいだかせた。

ネガティヴな未開人像は、セクシュアリティをめぐっても描かれた。一夫一婦制ではない男女の結びつき、近親相姦、放埒《ほうらつ》なセクシュアリティとその背後にある嬰児殺しなどに、ヨーロッパの探検家たちは当惑し、不快感を吐露した。釘や金具と交換するため彼らに女を差し出す男たち、「自然な欲求のおもむくままに」男に身を委ねる「ふしだらな女たち」は、クックやフォルスターの旅行記に幾度となく登場する。このような「貞操と恥じらいを知らぬ人びと」を前にして、彼らのキリスト教的な性道徳が、はるか彼方の常夏の島で呼び起こされるのであった。

一七七九年、ハワイ諸島の先住民の襲撃によってクックが死亡した。もともと先住民の盗難が発端であったといわれるが、このニュースはイギリスのみならずヨーロッパの人びとに大きな衝撃を与えた。それから一〇年も過ぎないうちに、今度はラ・ペルーズが消息を絶った。遭難の可能性もあるが、クックと同じく襲撃されたかもしれないという憶測が飛びかった。さらに一七九〇年代には、西インド諸島のサン・ドマングで宗主国フランスに対して大規模な反乱が起こり独立運動▲に発展すると、従順な黒人奴隷イメージは瓦解していった。現実世界は、ロビンソンがフライデイを馴致させるようにはいかなかった。太平洋諸島であれ大西洋諸島であれ、ヨーロッパ支配を脅かすできごとによって、「高貴な未開人」像を語る声は十八世紀末に小さくなっていく。たしかに、オトゥールもオマイも「野卑な未開人」ではなかったかもしれない。しかし、いったい「高貴な未開人」像とは、啓蒙思想家たちが自分たちの西洋文明を批判するために必要とした、ある種の虚像ではなかっただろうか。

こうした一連の事件に呼応するかのように、一七七〇年代ころから世界各地の民族を分類する研究が大きな進展をみせ、「人種」の概念を生み出すとともにヨーロッパの外の諸民族をネガティヴにとらえる「科学的」な言説が練り上げられていった。「啓蒙のヨーロッパ」が外の世界に投げかけた「科学の光」についてつぎにみていこう。

▼ハイティの独立運動　フランス革命をきっかけに、黒人奴隷が反乱を起こし、トゥサン・ルベルチュール(一七四三～一八〇三)の指揮下でフランスからの独立運動に発展した。一八〇四年、世界史上はじめての黒人共和国、ラテンアメリカで最初の独立国が誕生する。

④—科学の光

人間の学問

聖書の創世記における有名なノアの箱舟物語には、人間の区分が語られている。そこには、全世界の人びとは、ノアの息子であるセム・ハム・ヤフェトから広がっていったとある。三人の息子たちから、さらに多くの民族が生まれ、その後のキリスト教的解釈では、セムはアジア民族の祖、ハムはアフリカ民族の祖、ヤフェトはヨーロッパ民族の祖とされた。つまりキリスト教的な世界とは、アジア、アフリカ、ヨーロッパの三大陸に生を受けた人間から構成されるコスモスであった。

しかしコロンブス以降、アメリカで先住民が「発見」されると、彼らの位置づけをめぐって煮え切らない議論が始まった。アメリカ先住民を「別のアダム」の子孫とみなしたり、あるいは、知られざるどこかの海峡をわたってアメリカに到着したセムの末裔《まつえい》とみなしたり、さまざまな推論がなされた。十七世紀の「科学革命」をへて「啓蒙の世紀」にはいると、もう一つの「新大陸」で

アメリカ先住民のイメージ　一七八七年に描かれたイロコイ族の戦士。

▼**リンネ**（一七〇七～七八）　植物をおしべ、めしべの組織や葉の数、配列の仕方により分類して名前を与え、近代植物学の基礎を築いた。十八世紀をつうじて改訂増補を繰り返した『自然の体系』（初版一七三五年）では、鉱物、植物、動物の三界に自然を分け、人類を自然体系のなかで整理し、のちの版でチンパンジーやオランウータンとともに霊長目に分類した。

サーミの衣装をまとったリンネ

▼ビュフォン(一七〇七～八八)　彼により一七四九～八九年に刊行された『博物誌』全三六巻は地球の歴史、生命の発生、人間、動物、鉱物を詳細に記述した大著で、十八世紀の自然に関する知の総体としてヨーロッパ中で広く読まれた。

ビュフォンによる「人類の博物誌」

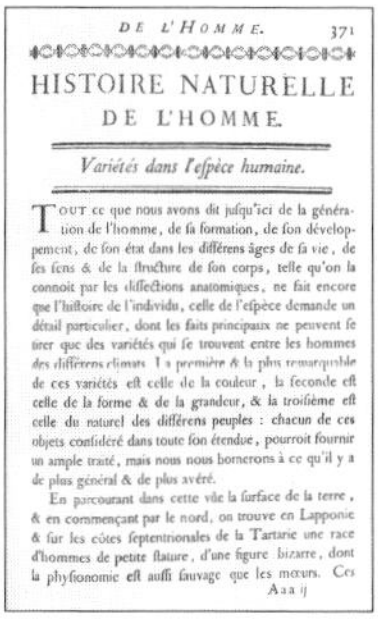

DE L'HOMME. 371

HISTOIRE NATURELLE
DE L'HOMME.

Variétés dans l'eſpèce humaine.

TOUT ce que nous avons dit juſqu'ici de la génération de l'homme, de ſa formation, de ſon développement, de ſon état dans les différens âges de ſa vie, de ſes ſens & de la ſtructure de ſon corps, telle qu'on la connoit par les diſſections anatomiques, ne fait encore que l'hiſtoire de l'individu, celle de l'eſpèce demande un détail particulier, dont les faits principaux ne peuvent ſe tirer que des variétés qui ſe trouvent entre les hommes des différens climats. La première & la plus remarquable de ces variétés eſt celle de la couleur, la ſeconde eſt celle de la forme & de la grandeur, & la troiſième eſt celle du naturel des différens peuples : chacun de ces objets conſidéré dans toute ſon étendue, pourroit fournir un ample traité, mais nous nous bornerons à ce qu'il y a de plus général & de plus avéré.

En parcourant dans cette vûe la ſurface de la terre, & en commençant par le nord, on trouve en Lapponie & ſur les côtes ſeptentrionales de la Tartarie une race d'hommes de petite ſtature, d'une figure bizarre, dont la phyſionomie eſt auſſi ſauvage que les mœurs. Ces

Aaa ij

あるオーストラリアの存在が確認され、聖書の祖先説はもはや完全に説得力を失った。そこで聖書にかわって、皮膚の色や毛髪、体格など、身体的特徴から世界の人間を「科学的に」把握し、分類しようとする知の枠組みがつくられていく。すなわちアンソロポロジー(人間学・人類学)である。

アンソロポロジーの発展の土台は博物学である。博物学では、自然界に存在する動物や植物、鉱物を、その性質や分布などに従って整理、分類する。スウェーデンの博物学者であるリンネ▲は、自然体系のなかで人間をとらえ、その分類を試みている。彼は、ヒト属を「白いヨーロッパ人」「赤いアメリカ人」「蒼いアジア人」「黒いアフリカ人」と四つに分類した。ラップランドのサーミの衣装をまとったリンネの肖像画が残っている。リンネは若いころ、トナカイと人間が一緒に暮す北極圏の未開の地に単独で旅し、この衣装をはじめ多くの博物学的収集物を持ち帰った。

フランスの博物学者ビュフォン▲は、自然界において、人間を、話す能力と思考する能力によって他の動物とは異なる存在であるとした。白人ヨーロッパを素型とし、ある気候の土地から別の気候の土地へと移動する、何万年という歳

カントによる「さまざまな人種について」　この論文に対して、世界のさまざまな民族を自分の眼で観察し、人類複数起源説をとったG・フォルスターが異論を唱えた。これを受けて、カントは「哲学における目的論的原理の使用」(一七八八年)でフォルスターの研究手法を厳しく批判し、両者間の論争が起こった。

月によって人間の多様化が起こったと考えた。

ドイツの哲学者カントも、啓蒙期におけるアンソロポロジーの発展に大きく寄与した。彼はアンソロポロジーの講義を三〇年近く続け、その記録は『人間の実用的見地について』におさめられている。彼はそこで人間の内面性に関する哲学的・倫理学的な考察はもとより、民族や人種についての自然人類学的な考察もおこなっている。さらに、彼のペンからは、「さまざまな人種について」(一七七五年)、「人種の概念の規定」(一七八五年)といった論考が生まれ、『自然地理学』の講義では、博物学的観点から、人間の顔立ちや性格、髪や肌の色、気候や風土、混血に関する分析がなされている。カントがバルト海沿岸の都市ケーニヒスベルクからほとんどでたことがなかったというのは有名な話だが、そのようなカントが書斎にいながら世界のさまざまな民族に関して思いをめぐらすことができたのも、旅行家たちがもたらした膨大な量の「学術的」資料のおかげである。

近年の科学史家たちによる評価では、カントは近代における「人種」という概念の定義を確立させた人物の一人と位置づけられている。しかし、カント研究者たちは、彼の「人種」に関する議論に向き合うことを厭《いと》う傾向にある。いや、カント研究者に限らず、今日の十八世紀研究者たちの多くが、啓蒙期の「人種」というテーマを避けてきた印象すら受ける。しかし、地球上のすべての人間を分類し、把握しようとする遠大なプロジェクトは、理性を信奉する「啓蒙の世紀」ゆえに企てられたものである。とりわけ一七七〇年代、いわゆる啓蒙主義の後期とされる時期から、世界の人間を区分する知的営みが、いっそう緻密かつ入念なかたちで科学の新しい領域を形成していった。

「人種」という考え

「科学的な」人種概念は、十七世紀末のベルニエ▲の論考に端緒を見出すことができる。彼は、地球上の人間を四つの集団に区分した。⑴ヨーロッパ人・モロッコやアルジェリアなどアフリカ人の一部・ペルシア人・ムガル人など、⑵アフリカ人、⑶フィリピン人・日本人・中国人・タタール人・ウズベク人など、⑷ラップランド人(サーミ)である。キリスト教徒か異教徒かという宗教上の二分化でなく、肌・体格・顔・鼻・目・唇・ひげ・髪などの色かたちを基準とし

▼**フランソワ・ベルニエ**(一六二〇～八八)　フランスの医師・旅行家。一六五六～六九年にインドに旅し、『ムガル帝国誌』を出版。一六八四年に匿名で「地上に住むさまざまな人種による地球の新区分」という雑誌論文を発表した。

リンネ『アントロポモルファ（擬人類）』（一七六〇年）**の挿絵**

▼ヨハン・フリードリヒ・ブルーメンバッハ（一七五二〜一八四〇）　ドイツ、ゲッティンゲン大学医学部教授。形質人類学の父とされる。彼の頭蓋骨の収集は二六〇点以上におよび、現在も同大学に保管されている。

て分類を試みており、啓蒙期の人類学の布石となった。

十八世紀にはいり、「アダムとイヴの子孫である」人間をチンパンジーやオランウータンといった類人猿と並べて分類したリンネの著作は、センセーショナルに受け止められた。そして、このころから「人種」をめぐる議論がさかんに戦わされるようになった。黒人もヨーロッパ人もアメリカ先住民も、同じ「人類」に属す。では、肌の色や体格の違いといった相違はどのように生じるのか。そしてこの身体的相違は、それぞれの「人種」の精神的・性格的な特徴とどのように関係しているのか。そもそもすべての「人種」は同じ起源をもつのか、それとも複数の起源に由来するのか。こうした問いが投げかけられ、数々の学術旅行が企画されるのにともなって、多くの自然研究者たちが人間の分類を試みた。

そのなかで、ブルーメンバッハ▲は、肌の色や髪質など表面に見えるものばかりでなく、肌の下にあるもの、とりわけ骨格に着目した。彼は頭蓋骨の形態を重視し、体格や肌の色も考慮して、人間の種を「コーカサス」「モンゴル」「エチオピア」「アメリカ」「マレー」の五つに分類した。「コーカサス人種」とは、

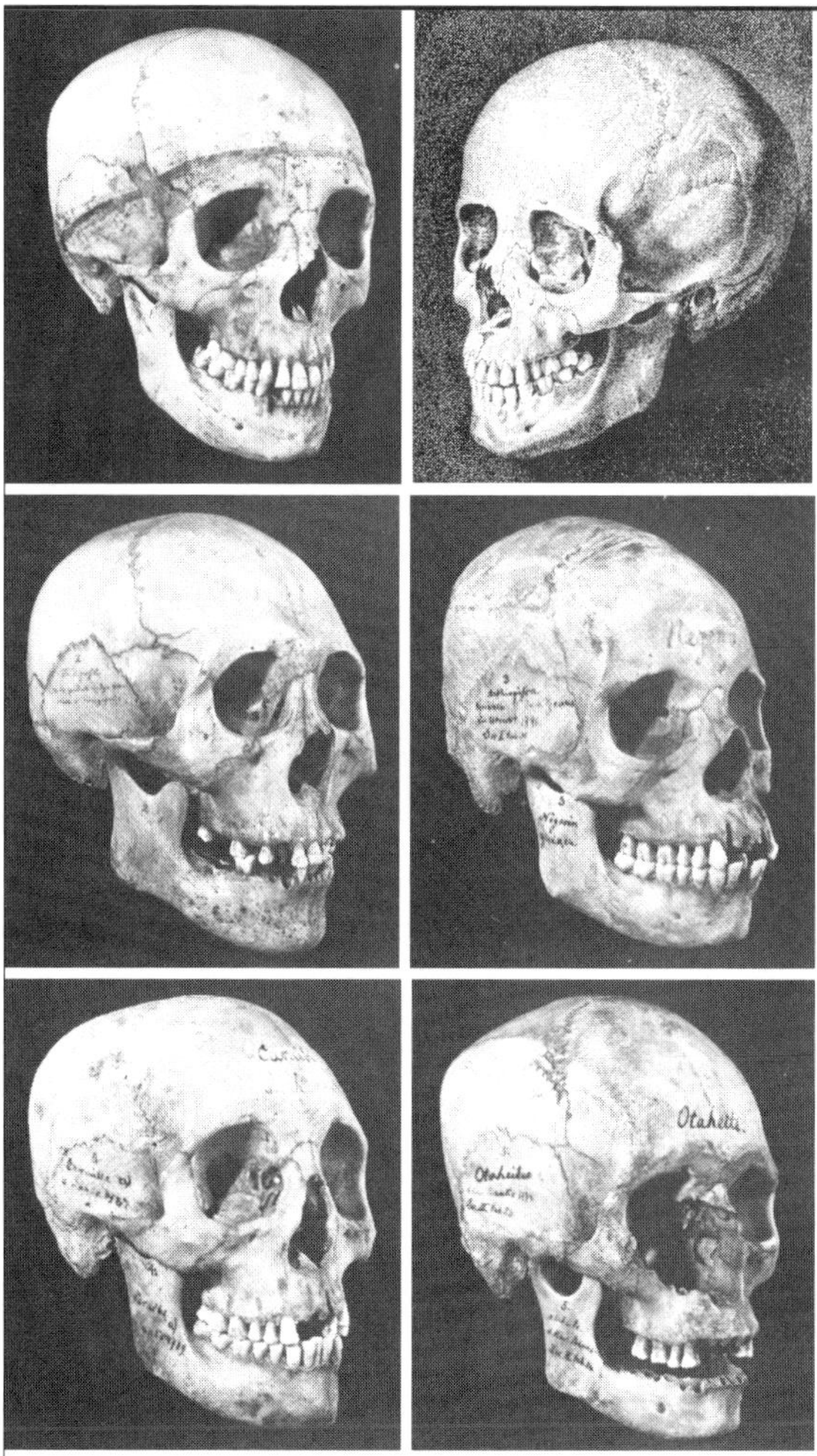

●――**ブルーメンバッハの頭蓋骨コレクション**　右上はブルーメンバッハ自身のスケッチ。ほかは彼の頭蓋骨コレクションの写真で、グルジア、トゥングース、ギニア、カリブ海、タヒチ島の住民のもの。

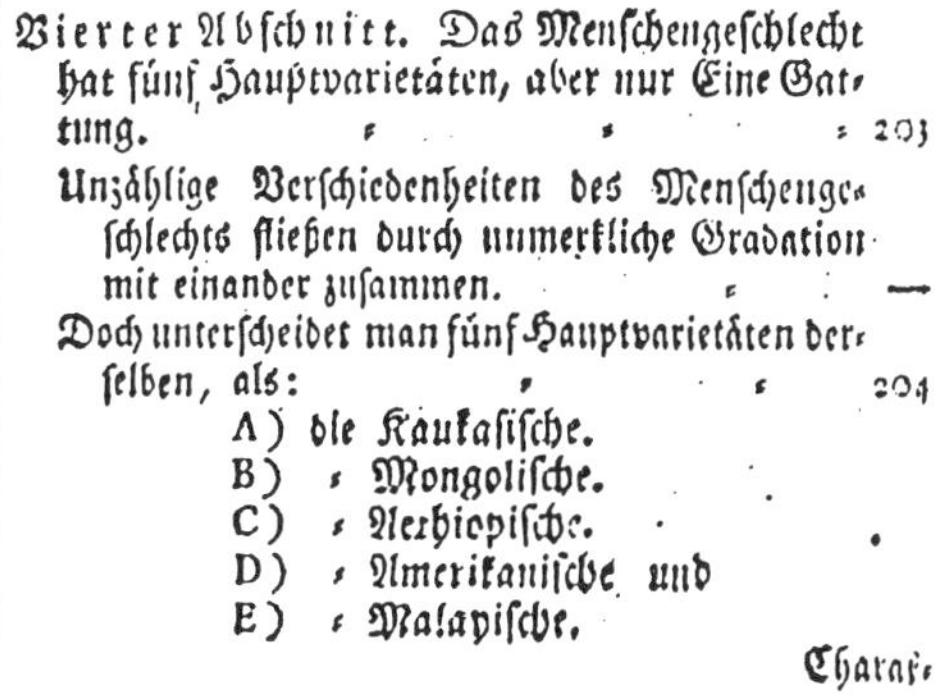

Vierter Abschnitt. Das Menschengeschlecht hat fünf Hauptvarietäten, aber nur Eine Gattung. . . . 203

Unzählige Verschiedenheiten des Menschengeschlechts fließen durch unmerkliche Gradation mit einander zusammen. . . —

Doch unterscheidet man fünf Hauptvarietäten derselben, als: . . 204

A) die Kaukasische.
B) = Mongolische.
C) = Aethiopische.
D) = Amerikanische und
E) = Malayische.

Charak-

●――**ブルーメンバッハの五つの分類**　『人類の自然の多様性について』ドイツ語版(一七九八年)の目次より。

コーカサス（カフカース）山脈からつけられた彼の造語であり、この地域に最初の人間が出現し、白い肌をもつ「もっとも美しい人間」が住んでいるとされた。

　ブルーメンバッハは、「人類の真の色」である白い肌をもった「コーカサス」を中心に、もっともかけ離れた二極点に「モンゴル」と「エチオピア」を位置づけ、それぞれの中間段階に「アメリカ」と「マレー」をすえた。彼のこの図式に、「人種」間のヒエラルヒーが包含されていることは否めない。彼の研究には、身体的特徴から美醜の価値が付与され、さらには、知性や道徳性の尺度までをあらわす危険性がひそんでいた。これは当時、一世を風靡《ふうび》したスイスの啓蒙知識人ラーファター▲による観相学の考えとかさなっている。観相学とは、顔のかたちや顔の表情から人間の性格や知能、道徳的素質を読み取ろうとする「科学」で、例えば、厚い唇は洗練や優雅といったものからはほど遠く、他方、突き出た額は冷静で勤勉な性格を示すといった具合であった。同じくウィーンで活躍したガル▲の骨相学も、頭蓋骨に着目し、その凹凸を視診、触診すれば、その人の気質や能力の発達などがわかるとした。

　奴隷制の是非をめぐって、黒人たちの身体的特徴から性格や労働の適性など

▼J・K・ラーファター（一七四一～一八〇一）　スイスの牧師・著作家。ドイツ各地を遍歴し、ゲーテやレッシング、メンデルスゾーンとも親交を結んだ。彼の観相学では、人間の内面性を「実証的に」解明しようとして膨大な資料が用いられた。

▼F・J・ガル（一七五八～一八二八）ドイツ生まれの解剖学者。ウィーンで開業し脳の解剖学と神経の生理学を研究。脳には色、音、言語のほかに、友情や芸術、哲学、名誉心や社交性、窃盗や殺人などの精神作用を起こす器官がそれぞれ一定部位にあると主張した。のちに活動の場をパリに移しフランスに帰化した。

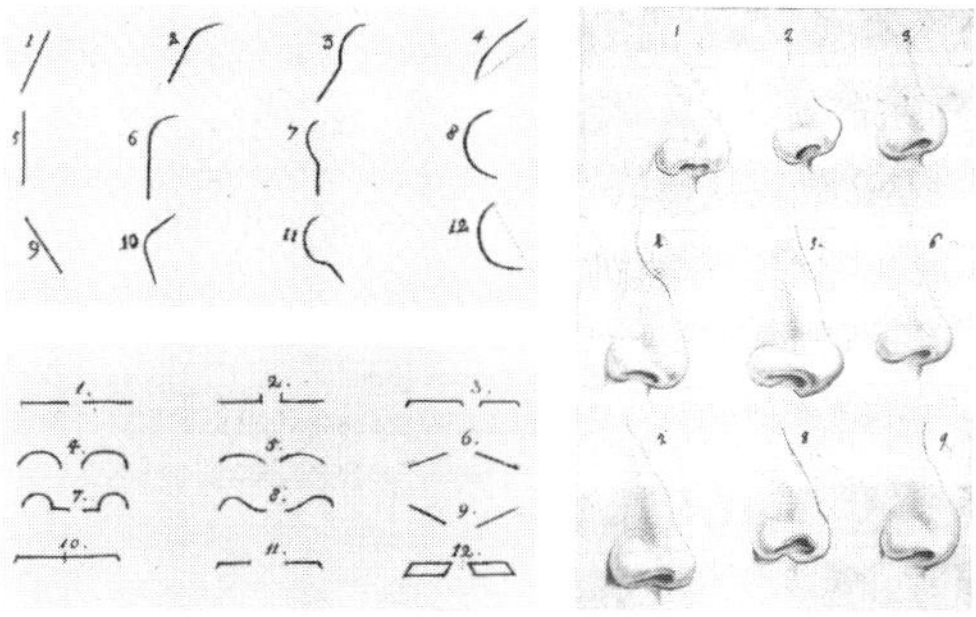

ラーファターの観相学　さまざまな額(左上)、眉毛(左下)、鼻(右)の形状のスケッチ。

が議論され、そこにはこうした人種差別的な表現も少なくなかった。ディドロとダランベールらが編集した『百科全書』の「ニグロ」の項目を例にあげてみたい。

　彼らは、皮膚の色によって区別されるだけでなく、その顔のあらゆる特徴、例えば大きく平らな鼻、厚い唇、縮れ毛によってもほかの人間と異なっており、人類の新しい独立した種を構成しているようにみえる。赤道から南極に向かうとき、肌の黒色は薄くなっていくが、その醜さはそのままである。……ギニアのニグロのなかで偶然に正直な人びとに会うことがあったとしても、大多数は放縦、復讐心が強く、盗みや嘘は平気である。彼らの強情さは、罰を与えても決して過ちを認めないほどである。死に対する恐怖さえも彼らの心を動かさない。

黒人の身体的特徴を示すだけにとどまらず、醜いという主観的な形容詞が加えられ、性格のステレオタイプ化もなされ、奴隷への残忍な仕打ちもやむをえないといわんばかりの記述である。

　奴隷制に対するこのような危うい議論は、比較解剖学の研究でも展開されていた。『黒人と白人の身体的差異について』という著作を発表したゼンマリング▲は、ドイツに連れてこられた黒人の身体を調べ、各部位の形状を入念に観察した。ゼンマリング個人は、黒人と白人の身体的差異を純粋に探究しようとしたのだろうが、この「純粋さ」の影には、西洋近代科学がもつヨーロッパ中心主義が見え隠れしている。彼は、肌の色はヒエラルヒー的な差異をつくらないとし、「黒人は、われわれと同じように真の人間である」と強調しているにもかかわらず、「人類という生き物の王位にあって、かなり低い段階」にあると明記している。

当時の議論には、マンチェスターの医師ホワイト▲のように、あからさまに黒人の醜さや劣等性を主張し、はては黒人と猿の類似性をまことしやかに論ずる声も聞かれた。ブルーメンバッハやゼンマリングといった著名な医学者が、たとえ奴隷制に反対し、「黒人も彼らが生きる気候風土のなかではヨーロッパ人よりも完璧な創造物だ」と唱えても、彼らの分類には価値の優劣をともない、結局は白人ヨーロッパの優越性を示す根拠として利用されていったのである。

ブルーメンバッハらの名前と功績は、十九世紀後半の人種主義論を代表する

▼トーマス・ゼンマリング(一七五五〜一八三〇)　ドイツの比較解剖学者。友人G・フォルスターの計らいでドイツのカッセルに職をえ、ゲーテとも親交があった。のち、マインツ大学の教授、ミュンヘンの科学アカデミーの会員。

▼チャールズ・ホワイト(一七二八〜一八一三)　ロンドンとエディンバラで医学を学ぶ。一七六一年より王立協会会員。病院の設立に尽力し、産科学の名著を残す一方、『人間における規則的位階性における報告』では、人類のドグマ的な序列イデオロギーをあらわにした。

ゴビノー▲の著作や二十世紀前半のナチズムの「人種学」のなかでも言及されている。「啓蒙の世紀」に「科学的な」人種概念が登場した点は、強調されるべきであろう。現在、「人種学」の似非《えせ》科学性は暴露され、「人種」カテゴリーは生物学的に破綻▲したとされているが、人間が「理性」の名で何を生み出してきたのかを歴史に問い続けることは重要であろう。

性差

「啓蒙の世紀」の科学の光は、「人種」間の差異を照らし出したばかりではない。カントが人間の内面を考察するために、民族や「人種」と並んで男女両性の差異について論じたように、性差も、人間学・人類学において欠かすことのできない対象であった。

　現代の科学史家トマス・ラカーによると、十八世紀末までの西欧世界は、古代ギリシア医学を集成したガレノスの影響を脈々と受け継ぎ、男女の差異はあくまで相対的に認識されていた。男女の性器はもともと一種類の基本形をもち、構造的には同じでむしろ程度に違いがあるにすぎない、というワンセックス・

▼J・A・d・ゴビノー（一八一六～八二）　フランスの作家・外交官。アーリア人種の優秀性を説く『人種不平等論』（一八五三～五五年）の著者として知られ、その人種理論はナチズムに影響を与えた。人種社会学の創始者といわれる。

▼「人種」カテゴリーの破綻　一九五〇・五一年にユネスコは、生物学的な「人種」カテゴリーの破綻を踏まえ、ナチズムへの反省から、特定の人種優越の理論を否定し、「純粋な人種など存在しない」と宣言した。

モデルが支配的であったという。この相対的性差の認識においては、「外に出るべきものが内側に引っ込んでいる」などと考えられ、実際、古い解剖図をみると男性性器と女性性器がたんに裏返しになって描かれている。これに対して、十七世紀末に顕微鏡を用いてミクロなレベルで生殖のメカニズムが意識されるようになるなど、徐々に男女の身体における絶対的な差異が強調されるようになった。このようなツーセックス・モデルは、一七七〇年代以降、医学、とりわけ比較解剖学の取組みによって定着していった。

「人種」の差異についての観察と同じように、性差の探究は、性器や胸の膨らみといった外部にあらわれる性徴だけではなく、神経、筋肉、骨格など「皮膚の下」にまでおよんだ。前述の比較解剖学者ゼンマリングは、身体全体の基盤ともいえる骨格に性差を認めることができれば、ほかの身体部分の性差も説明されうると考えた。彼は、子どもを一人産んだことのある二十歳の女性の骸骨を取り寄せ、非常に精密な女性の骨格図を発表した。

ラカーと同じくジェンダーの視点から当時の知を考察する科学史家L・シービンガーによると、十七世紀までは骨格図に性別がかならずしも考慮されておらず、女性の骨格図が描かれ始めたのは、ようやく十八世紀になってからだという。フランスのダルコンヴィル▲は、女性の骨盤を広く頭蓋骨を小さく描き、女性の特徴を誇張したために、ゼンマリングの骨格図よりも好評を博した。骨盤と頭蓋骨の大きさが、「出産をする性」と「理知的な性」を象徴し、当時の理想的な女性像、男性像を描き分けていると評価されたのであろう。

　ゼンマリングの弟子であるアッカーマン▲は、『性器以外の男女の身体的差異について』(一七八八年)でつぎのように述べている。「一瞥してすぐに、男の骨格は、女の骨格と区別される。女の骨格は、男よりも洗練されており、男ほど頑強ではない。骨の結合すら、女性の明確な特徴を示しているように思われる」。さらに彼によると、女性の体は、「あらゆる部分で最高に美しく、女らしくつくられている」とし、例えば女の手は、「このうえなく洗練されており」、「体の一部にすぎないにもかかわらず、それだけで女の美しさ全体をあらわしている」という。

　概して、男女の身体に関する議論には一つの傾向が見出される。身体的特徴をあらわす形容詞を取り出してみると、男の身体は「大きい」「強い」「がっし

▼マリー・ティルー・ダルコンヴィル(一七二〇～一八〇五)　化学者ラヴォアジエ(一七四三～九四)ら一流の知識人たちと交流をもち、化学・物理学から文学・歴史・道徳論と幅広い分野で執筆活動をおこなった。彼女の著作はすべて匿名で発表されている。

▼ヤコブ・アッカーマン(一七六五～一八一五)　マインツ、イェーナ、ハイデルベルクで解剖学の教鞭をとる。ゼンマリングの弟子。数多くの解剖学書を著し、ガルの頭蓋骨研究に対する批判なども展開した。

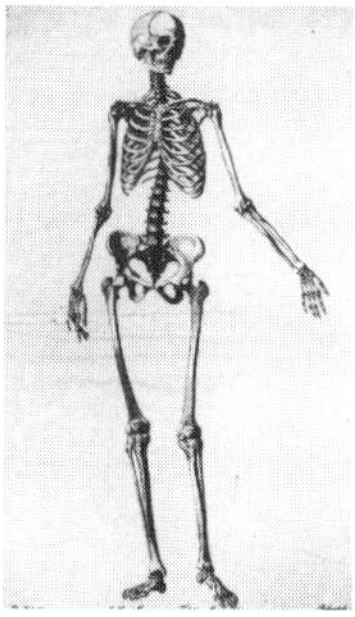
ゼンマリングによる女性骨格図

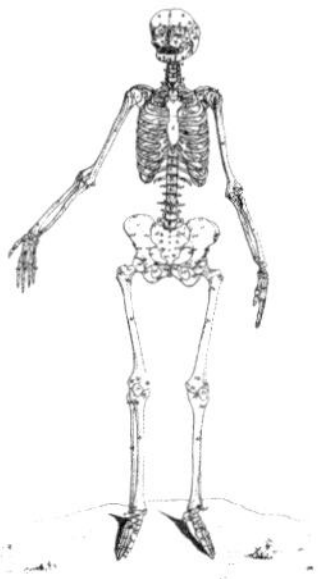
ダルコンヴィルによる女性骨格図

りとした」などが、女の身体は「小さい」「弱い」「きゃしゃ」などが頻繁に用いられている。男女は、身体的にまったく異なるばかりではなく、対極するものとしてとらえられているのである。こうした身体的特徴の観察は、男女の性格のステレオタイプ化を進め、男は「自立的」「活動的」「理性的」「勇敢」であり、女は「依存的」「受動的」「感情的」であることが自然にかなっていると説かれるようになる。対極する心身をもった男女は、ゆえに相互補完し合いながら夫婦として結ばれ、家庭生活をいとなむことになるのである。

　性差についてのこのような議論が活発になったのは、伝統的な身分制社会がゆらぎ始め、新しい社会の秩序が構想された時期である。第一章でみたように、フランス革命期には、女性に人権を与え、教育や職業の自由を保証すべきであるという女性解放思想が唱えられたが、その一方で、女性とは出産する性、弱き性、美しき性であるとして、父や夫の保護下で家庭という領域にとどまるべきだとする「市民社会」の倫理が強まっていく。十八世紀後半以降、多くの啓蒙知識人たちによって議論された「強く」「たくましい」「立派な」市民男性と「良き妻・母・主婦」という理想像は、右のような比較解剖学の「科学的な」

根拠をもって女性解放思想の声を抑え込むことに成功したのである。

科学もまた社会的・時代的産物である。ラカーは、ワンセックス・モデルからツーセックス・モデルへの移行は、「科学において変化が起こったためにできたのではなく、むしろ認識論の変化、社会・政治の革命的変換の結果生じた」と述べている。身分制秩序がフランス革命によって解体されると、「男」とか「女」といったカテゴリーが今まで以上に前面にあらわれ、新しい時代のジェンダー秩序が打ち出されていった。性差の「科学的」探究もまた、女性の権利を認めなかった近代のイデオロギーの一翼を担ったのである。

ひるがえって、前項でみた「人種」をめぐる「科学的」探究も同じであった。たとえ比較解剖学者本人が人種差別反対を表明しても、彼らの考察は奴隷制擁護や植民地政策のレトリックに用いられ、そのイデオロギーを支えたのである。男女の差異、「人種」の差異に科学の光を投じたのは、もっぱら白人ヨーロッパの男性知識人たちであった。彼らの信奉した「科学」は、その深層において、女性や世界のさまざまな民族を「他者」として対象化し、自由や平等という枠組みからはじき出していく論拠を提供したのである。

⑤—「人種」・ジェンダー・文明観

人類の歩み

女性やヨーロッパの外の民族を「他者」としてとらえる見方は、進歩や発達、文明化という理念と密接にかかわっていた。当時の歴史認識を踏まえて、いよいよ十八世紀ヨーロッパにおける文明観に迫っていきたい。

第一章で知の大転換について述べたが、「啓蒙の世紀」には、歴史認識においても大きな転換期をむかえた。キリスト教的世界観においては、人類の過去、現在、そして未来を貫く原理は、神による救済であると考えられていた。しかし、非キリスト教圏に目を転じると、例えば中国やエジプトの古さは、ノアの大洪水の推定時期とかみあわず、キリスト教的世界史は限界に達せざるをえない。自然科学が発達し、聖書とは異なる独自の歴史認識が、聖俗革命の進行とともに登場するようになった。

博物学者ビュフォンは、『自然の諸時期』▲(一七七九年)において、地球の歴史は創世記から概算される六〇〇〇年よりも古いとし、地球の誕生から原始海洋

▼**『自然の諸時期』** 『自然誌』の補遺として出版。聖書にもとづいて計算されていた地球の寿命を否定したビュフォンは、パリ大学の神学部から詰問を受けることになる。ドイツ語にも翻訳され、ヘルダーの歴史哲学などに影響を与えた。

▼**M・d・コンドルセ**（一七四三〜九四）　フランスの数学者・哲学者・政治家。パリの科学アカデミーやアカデミー・フランセーズの会員。革命時、教育委員会や憲法委員会で活動。ジャコバン政府に反対して死刑の宣告を受け、のち自殺。『人類精神進歩史』は逃亡中に書き上げられた。

における生命の誕生とその後の歴史的変遷を記した。ヴォルテールは、世界規模で人類の歴史の歩みについて思索した『歴史哲学』のなかで、地球の成立ちから世界の諸民族の様相を語り、創世記ではなく、中国とインドの叙述から世界の歴史を始めている。

このようにキリスト教的歴史観にかわって「人類」の歴史全体をとらえなおしたとき、世界史にはどのような原理が潜在しているのだろうか。その答えを、啓蒙知識人たちは、歴史そのものに内在する進歩、発達、文明化という理念に求めた。

フランスの啓蒙思想家コンドルセ▲は、原始時代から十八世紀までの精神的進歩の歴史を著した。彼は、人類が原始の時代に集団生活を始めて以来、社会の経済形態の基礎が狩猟から遊牧、農耕、商業へと移り変わり、その過程のなかで、文字が発明され、学問や科学技術が進歩し、人間の道徳的能力と理性も発達してきた、と考える。彼にとって人類の歩みの到達点は、「われわれの時代」、すなわちもっとも文化の開かれた十八世紀ヨーロッパの現在である。自由と権利が認識され、偏見にとらわれず理性が重視され、知識が蓄積された時代、大革命をとげたフランスをはじめ「啓蒙の世紀」に到達したヨーロッパ諸国こそが、人類進歩の最高の段階にあるとされた。他方、文明度の低い民族に関する旅行記によって、人類がかつていかなる状態にあったのかを知ることができるという。彼は同時代の「未開」民族に、人類の歩みの「太古」をかさねあわせているのだ。

コンドルセは、やがて未来においては万人が平等と自由を謳歌する文明の状態に近づくと考えており、啓蒙知識人たちに往々にみられた、進歩への楽観主義をいだいていた。もともと人類史の叙述は、経済形態の変遷を分析したアダム・スミスの研究に多くを負い、スコットランドやフランス、ドイツ各地で発表された。例えば、ドイツのマイナース▲は、狩猟・漁猟民族の「原始状態」、遊牧民が属す「野蛮状態」、西欧以外の農耕社会である「半啓蒙の状態」、そして西欧社会が位置する「啓蒙状態」と文化の発展を四つの段階に区分し、世界各地の民族を、人類史という一つの時間軸の上に載せている。

半啓蒙の状態にある民族には、つぎのものがあげられる。南洋諸島やアフリカのいくつかの民族、ペルー人とメキシコ人、偉大なるイスラム教徒の

▼**クリストフ・マイナース**（一七四七〜一八一〇）　ゲッティンゲン大学哲学部教授。民族学、比較人類学から文化史、宗教史まで「驚くほどの、いやほとんど愕然とさせるほどの著作量」を残した。代表的な書物に『全宗教史概説』『人類史概説』などがあげられる。

すべての民族――そのなかでも今のところペルシア人がもっとも啓蒙されている――そして南アジアの民族、とりわけヒンドゥスタン人、中国人、シャム人とトンキン人、そして日本人。啓蒙された民族は、かつては、ギリシア人とローマ人が唯一であったが、現在ではヨーロッパのすべてのキリスト教徒があげられる。

人類の進歩のさまざまな段階に世界各地の民族の現状をあてはめるやり方は、結果的に、「遅れている」民族と「進んだ」民族を区分けすることになる。

こうした啓蒙主義の進歩史観は、一部の知的エリートが唱えたばかりでなく、例えば子ども向けの教科書でもかたちを変えて論じられた。ドイツ啓蒙期の代表的な教育学者であるバゼドウ▲は、初等教育の教科書で「文明」と「未開」の状態をテーマにしている。バゼドウの言葉を引用しながらこの挿絵を見てみよう(七三頁参照)。

中央に描かれた山や丘、そして崖っぷちや谷、川といった自然の地形から、二枚の絵は同じ地域のものであることが確認できる。しかし、この二枚の絵は、人類の発展を読み解くことができる歴史的な時間によってへだてられている。

▼**J・B・バゼドウ**(一七二四〜九〇)ドイツの教育学者。デッサウに「人類愛のための学校」という意味の「汎愛学舎」を建て、訓育と体育、実用的な学問を重んじる革新的な教育を実施した。国家による教育制度の管理の必要性を説き、啓蒙期の教育改革に寄与した。

上の絵は、ある民族の「もっとも野蛮な」時代、そして下の絵は、「数多くの住民の勤勉と技術によって」変化した状態をあらわしている。上の絵には、ライオン、虎、熊などの野生の動物がたむろし、人間の集落はみられない。「ここには人間が利用できる飼い馴らされた山羊、羊、牛などはいない」。

これに対して下の絵には、左下に乳牛、その上に描かれた岩かげには、羊飼いが羊の群れを引き連れ、家畜や牧畜の経済形態がみてとれる。中央左寄りの丘には、「快適で立派な家屋」が建ち、川には橋が架けられ、また馬車や船などの交通手段もみられる。遠くには、村のような集落も描かれている。上の絵から下の絵への移行を、バゼドウは「農耕、手工業、技術、役所の設置、さらに文芸や商業」を備える段階へと進歩してきた過程とみなしている。

同じ場所でも、歴史的時間が流れると、民族は未開から文明へと発展していく。現在文明化された民族も、もとはこのように未開の状態にあった。しかし、こうした状態は今もどこかの民族の状態にみられるという。世界の未開民族に対して、バゼドウは、文明化された隣人が「教師」となって文明化を導くべきだと論じている。

●―バゼドウによる子ども向け教科書の挿絵（ホドヴィエツキ画）

「啓蒙のヨーロッパ」は、世界の遅れた諸民族の文明化を担うべきだという。十九世紀に植民地主義を正当化する論理としてしばしば説かれた「文明化の使命」という考えがここに芽吹いている。「黒い伝説▲」に伝えられるスペインやポルトガルの残虐なコンキスタドール(征服者)とは異なる、「啓蒙された植民者たち」の使命である。もはや暴力支配によって力の優位を示すことはない。世界の進歩を導くヨーロッパの優位は、「科学」によっておのずと示されるのであった。

発達の「科学的」数値

科学史家のH・バターフィールドは、当時の科学についてつぎのように述べている。

十八世紀の末にはまだ、進化の思想が——進歩の観念と同じく——不完全なものであったことは認めざるを得ないが、そのころには、ダーウィン▲の体系の基本的な要素はほとんどすべて出揃っていたと思われる。科学と歴史がいっしょになって、全自然はある高い目標に向かって、ゆっくりでは

▼**黒い伝説**　大航海時代、アメリカ大陸におけるスペイン人の数々の残虐行為から、スペイン人が不寛容かつ非道な植民者であることを示す伝説。スペインに敵対するヨーロッパの国際関係においてつくりあげられた側面もあり、政治的、宗教的、経済的な意図が含まれていた。

▼**チャールズ・ダーウィン**(一八〇九〜八二)　イギリスの博物学者。祖父E・ダーウィン(一七三一〜一八〇二)は十八世紀における進化思想家として有名。海軍の測量船に乗船し、南半球各地の地質、動植物を観察した。自然淘汰による進化論をまとめた『種の起源』(一八五九年)は大きなセンセーションを引き起こした。

あるが着実に進んでいるという考え方を提起したのである。（渡辺正雄訳）

第四章で人類学の隆盛にふれたが、ヨーロッパを頂点とする進歩史観を裏づける「科学的」根拠について、オランダの解剖学者カンペル▲に着目してさらに踏みこんでみよう。

カンペルは、一七七〇年にアムステルダムのアカデミーで講演し、頭蓋骨の計測可能な特徴を用いて、人間の種を分類できると述べた。頭蓋骨を測定するには、例えば頭回りや鼻骨の位置などを調べることができるが、カンペルが考案したのは、顔面角というものである。これは、一番外の耳道の開き口から鼻腔の底までの線と、額の一番外の突出部から上あごの前のへりを結んだ線でできる角度である。カンペルは猿から古代ギリシア人までの頭蓋骨を測定し、猿四二度、オランウータン五八度、黒人とカルムイク人七〇度、ヨーロッパ人八〇度、古代ギリシア人一〇〇度と発表した。古代ギリシア人は、著名な美術史家ヴィンケルマン▲の著作に如実に示されているように、ヨーロッパ人の美の理想形と考えられた。カンペルのこの測定結果は、いわば猿から古代ギリシア人へと「美しく」なっていく「発達」の位階をあらわしており、美しさの数値化

▼ペトルス・カンペル（一七二二～八九）　一七六二年、オランダのグロニンゲン大学で「黒人の起源と色について」解剖学の講義をおこなう。黒人が類人猿と白人の混血であるという説を否定し、単一起源説をとった。

▼J・J・ヴィンケルマン（一七一七～六八）　ドイツの美術史家。ローマに移住し、古代の美術作品を研究。ポンペイなどの遺跡も調査し、美術史学、考古学の基礎を築いた。古典古代に精神的な美の真髄を見出す彼の主張は、十八世紀後半以降のヨーロッパ思想界に影響をおよぼした。

をはかったものである。

カンペルの測定値は、フランスの科学アカデミーやイギリスの王立協会で紹介され、百科全書派のディドロは、フランスでの出版とその援助を申しで、スイスのラーファターは、観相学の著作でカンペルの考察に言及して高く評価している。ドイツでは、カンペルと同じく頭蓋骨を重視したブルーメンバッハや、比較解剖学者のゼンマリングらの私的な集まりにおいて、カンペル自らが講演をおこなった。顔面角は、人間の分類に対して、より確実な基準をなすものとして脚光をあびたのである。

近年の研究で強調されていることだが、当のカンペルは、あらゆる人種は同じ価値をもつと考え、人間間の身体的差異にそれ以上の意味を込めることはなかった。彼は奴隷制に対して反対の立場をとり、自分の考察が奴隷制支持に用いられることをきらったという。しかし彼の顔面角は、本人の意図をこえて解釈、利用された。当時、議論されていた黒人と猿の類似性についても、カンペルの数値は「科学的」根拠として引用された。

さきにあげたマンチェスターの医師ホワイトは、カンペルの顔面角を用いて、

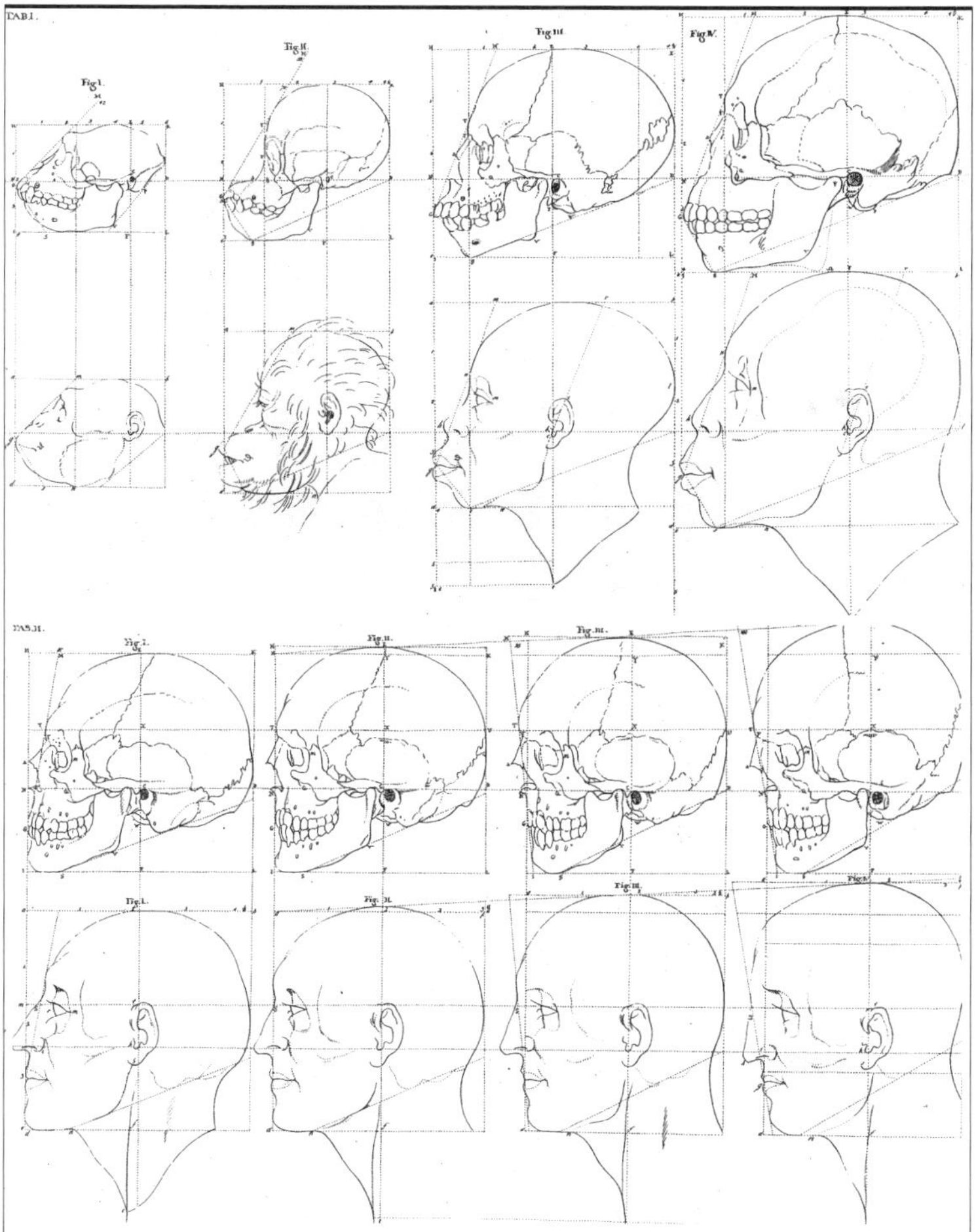

●──**カンペルのスケッチ**　上段左から猿、オランウータン、黒人、カルムイク人。下段左からヨーロッパ人(二例)、古代ローマ人、古代ギリシア人へと、顔面角の数値は大きくなっていく。

▼**ジョルジュ・キュヴィエ**（一七六九〜一八三二）　フランスの博物学者。ナポレオンの信任厚く、教育行政においても腕をふるった。動物の化石骨の研究をし、比較動物学にもとづいて動物分類表を完成させたことでも知られている。

人類の序列を熱心に唱えた一人である。彼は、リヴァプール港を拠点に世界のさまざまな頭蓋骨を集め、膨大な数の顔面角を測定した。鳥やワニ、数種の犬の頭蓋骨デッサンはさすがに苦笑せずにはおられないが、黒人を、類人猿と白人ヨーロッパ人を媒介する存在とみなす、かなり露骨な差別的記述は、当時の「科学」とイデオロギーの関係を示すうえで注目すべきかもしれない。対照的に、白人ヨーロッパの優越の記述もあからさまである。

漸次昇っていくと、最後にわれわれは白いヨーロッパ人に到達する。それは、獣のような生き物からもっとも離れた存在なので、人類のなかでもっとも美しい生き物とみなすことができる。だれもその知的能力の優秀さを疑わないであろう。……ヨーロッパ人以外にこれほどすばらしい弧を描いた頭のかたち、これほど大きな頭脳をどこに見出すことができるだろうか。

顔面角を応用する動きは、フランスにおいてもみられた。比較解剖学者、古生物学者であるキュヴィエ▲は、顔面角を精神の発達の指標とみなせると考えた。すなわち、顔面角が大きければ大きいほど、精神的・知的な能力も上位にある、というのである。キュヴィエは、顔面角を測定し直し、黒人とオランウータン

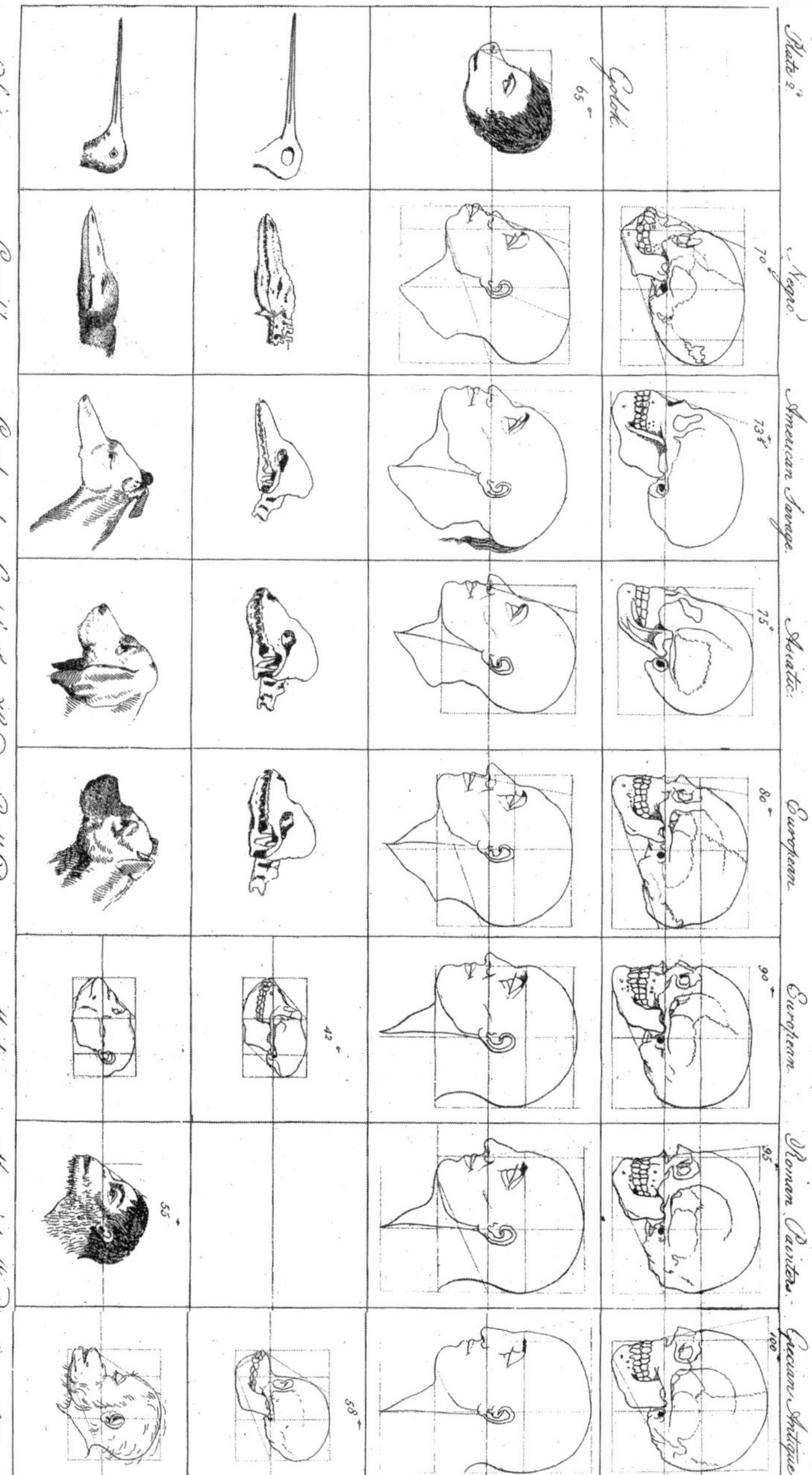

●チャールズ・ホワイトのスケッチ

の角度は同じで、黒人とヨーロッパ人の違いは、カンペルの数値より五〇％大きいという結果を公表した。これにもとづき、キュヴィエは、「コーカサス」は知性と文明において最高のかたちをなしているとし、黒人はもっとも低い段階にあるとした。

「科学的」測定によってえられた数値というのは、測定者の意図に応じて変わってくる。科学の客観性とは一つの神話である。繰り返すが、カンペル自身は、顔面角をもってして人種間の知的・道徳的差異を主張することはなかった。しかし十九世紀以降、顔面角は「人種」の質的なヒエラルヒーを根拠づけるための不可欠な要素になっていった。

文明の指標としてのジェンダー

啓蒙知識人たちは、生活スタイルが洗練され、社会が高度化されるにともなって、女性の境遇、親子や夫婦、家族の関係も変化していくという側面を見逃さなかった。男女のあり方がどのような状況にあるのかをみれば、その社会の進歩の度合がわかると考えた。「啓蒙された」ヨーロッパを頂点とする文明観において、「人種」の差異と同じく、男女のあり方の差異も重要な指標とみなされたのである。

スイスのイーゼリーン▲は、主著『人類の歴史』のなかで「野蛮人のもつ家庭的な感情」について考察し、野蛮人の愛は「動物的な発情」にほかならず、結婚という社会制度におさまる愛情をもつことは不可能であると論じた。そこでは、男は、女に対して負う義務や女に向ける尊敬を知らないという。人類の文化が発展するにつれて、理性の力が欲情の支配や誤った妄想を克服していく。似た意見として、スコットランドのミュラー▲は、狩猟経済や遊牧経済においては、男女の関係は匿名の性欲解消にすぎず、かならずしも固定されたものではないとした。人びとが定住し余剰生産物が蓄積され階級区分が起こると、所有や相続の概念が生まれ、男女の関係も社会契約的な結婚という結びつきへと発展する。平穏で洗練された社交生活においては、男女の情欲の発露も礼節というオブラートに包まれ、「弱き性」を守る力強き男性と、優美さを備えた貞淑な女性という男女それぞれの特徴が明確になってくるのである。

ミュラーと同様、さまざまな時代の女性の地位と境遇について論じたドイツ

▼I・イーゼリーン（一七二八〜八二）　スイス、バーゼルの哲学者。ドイツ啓蒙後期の代表的な雑誌を編集し、公共の利益を促進するための協会を設立した。『人類の歴史』（一七六四年）は版をかさね、メンデルスゾーンやヘルダーの歴史哲学に示唆を与えた。

▼ジョン・ミュラー（一七三五〜一八〇一）　グラスゴー大学教授。アダム・スミスの一番弟子。『位階の区分の起源について』（一七七八年）では、男女の関係も含めたあらゆる社会的関係は、経済発展に応じて変化すると論じた。

のマイナースは、「未開の女は、頑強で巨大な体格をしており、ヨーロッパの男たちと互角に走ることも、また彼らを相手に戦うこともできるだろう」と述べている。未開の状態では、性差ははっきりせず、社会が文明化されるにつれて、男女のあり方は高度な様式をもつようになり、男性性と女性性もはっきり分化していくという。

このような考えは、さきにみたバゼドウの教科書の挿絵でも確認することができる(七三頁参照)。バゼドウ自身はこの点にふれていないのだが、挿絵画家の手によって、意識的にか無意識的にか、ジェンダーが描きあげられているのである。

二枚の挿絵の右端に描かれた二人の人物にそれぞれ注目してみよう。上の絵では、木陰に寝そべっている二人が描かれている。右側の人物は女性、左側の人物は、はっきりとしないがおそらく男性であろう。下の絵において、すなわち「文明」の状態においては、性の区別はもっと容易である。衣服や髪形が異なっている。それに、男は剣を腰に差し、勇敢な男らしさが示されている。彼の左手は、二人が歩いていく道を指しているのか、それとも彼が所有する自慢の邸宅でも見せているのか。いずれにせよ、彼は女性に話しかけ、彼女がついていくべき方向を定めている。彼の右腕は、彼女の腰にまわされているように見える。「文明」の状態にある男がたずさえる剣と彼の身振りは、弱き女性を守る男の意思を象徴している。

「未開」の状態は、男女ともに裸であり、道具をもっていない。裸でいることに恥じらいを見せないようすは、彼らが禁断の果実を食したアダムとイヴの子孫ではないことを暗示しているのかもしれない。木陰で無為に寝そべるようすは、ヨーロッパの市民的エートスである勤勉さや労働意欲からはほど遠く、衣服や道具を生み出す技術や産業を発展させる意志もない。他方、「文明」の状態では、身なりを整え、男性がイニシャティヴをとり女性をエスコートしながら、歩みを進めていく。明確な性別役割をともなった「進歩」が象徴されているのだ。啓蒙の文明観には、ジェンダー秩序を柱の一つとした西洋近代社会の「進歩」がしっかりと刻み込まれているのである。

アメリゴ・ヴェスプッチが新大陸にたどりついたときのイメージ　一六〇〇年の版画。

ヨーロッパ人男性という主体

ヨーロッパの外の世界を照らし出す光は、もう一つ、別の次元のジェンダーモデルを包含していた。ヨーロッパ宗主国と植民地の関係、すなわち支配する者と支配される者という関係が、男女の支配―従属関係にかさなって理解されるのである。

そもそも、大航海時代におけるヨーロッパと「新世界」との出会いから、ジェンダー的な関係は始まっていた。「アメリカ」という地名は、アメリゴ・ヴェスプッチの名前に由来するが、正確にいえば、これは彼の名前の女性形から派生したものである。処女地という性的な表現でも示されるように、男性探検家によって足を踏み入れられ、侵略・支配される対象である大陸は、女性に擬された。

ポストコロニアル批評を展開するペーター・ヒュームの分析を用いて「アメリカ」と題された有名な版画を見てみたい。ハンモックに裸で寝そべっている女性がアメリカ大陸を具現している。彼女を直視し、右手に十字架の教会旗、左手に測定器具をもつヴェスプッチは、ヨーロッパ宗主国をあらわしている。

バゼドウの本の挿絵と同様に、裸で寝そべっている女性が未開のイメージとして描かれているのは偶然ではないだろう。ヴェスプッチが手にしている十字架と測定器具は、キリスト教と科学を象徴している。これは大航海時代以降、ヨーロッパの植民地活動に不可欠な道具であった。遠方では、裸の先住民が人間を火であぶり、食人習慣が描かれているが、このような野蛮性よりも、ヴェスプッチの到着によって眠りから起こされた女性の裸体が前面に描かれている点は、性的な意味合いの重みを示している。

未開の土地が女性に擬されるのは、世界各地に旅立つヨーロッパ人が男性であり、彼らにとっての「他者」である女性と未開人に共通点が見出されたためであろう。両者は、ヨーロッパ人男性にとって、ともに自然に近い存在であり、子どものような従順さと弱さをもつゆえに保護の対象であり、同時に支配の対象でもあった。

こうした男性の優位は、「啓蒙の世紀」においていちだんと鮮明になる。学術旅行によって科学の光が世界の未知なる地域に投じられ、未開人のようすが調べられるが、同じように啓蒙知識人男性にとって「未知なる存在」である女性も、彼らの比較解剖学的な観察眼にさらされた。文明が自然を支配するように、啓蒙知識人男性が、下位にある啓蒙されるべき女性＝未開人を「保護」し支配する。「啓蒙の世紀」においては、この支配は、むき出しの暴力によっておこなわれるのではなく、女性＝未開人に関する「科学的」知識を集大成して、啓蒙化・文明化という大義名分のもとでおこなわれたのである。

ここでいう「未開人」とは、「新世界」の先住民や黒人だけを指すのではない。イスラム圏やアジア諸国、南洋諸島などが、ヨーロッパの進歩や合理性、科学に対して、後進性や官能性、神秘性、迷信といったイメージでいろどられたのだ。このようなイメージの創出によってヨーロッパの支配が正当化され、同時にその優越性が、こうした後進的な「他者」イメージから逆照射されるのである。

文明化されたヨーロッパ人と「未開人」の関係は、結局、西洋と西洋以外という関係で広く解釈される。そしてこの関係は、ヨーロッパ人男性にとって、もっとも身近な支配―被支配関係である男女の関係に引きつけて考えられていた。啓蒙主義の担い手も、近代科学の担い手も、そして植民地主義の担い手も、もっぱらヨーロッパ人男性であった。未知という闇のヴェールを剝がし、大陸＝身体の内部にまで踏み込んでくまなく探究し、未知を既知とすることによってその対象を把握・征服するという一連の行為は、なんと性的な意味合いを含んでいることだろう。「文明化された」ヨーロッパ人男性によるこのような支配のメカニズムについて考えると、「啓蒙のヨーロッパ」から「植民地主義のヨーロッパ」へのスムーズな移行が、浮かびあがってくるのである。

参考文献

十八世紀の著作

ヴォルテール（吉村正一郎訳）『カンディード』（岩波文庫）岩波書店　一九九九年
カント（篠田英雄訳）『啓蒙とは何か　他四篇』（岩波文庫）岩波書店　一九九八年
コンドルセ（渡辺誠訳）『人間精神進歩史』一・二（岩波文庫）岩波書店　二〇〇二年
スウィフト（平井正穂訳）『ガリヴァー旅行記』（岩波文庫）岩波書店　二〇〇一年
ディドロ（浜田泰佑訳）『ブーガンヴィル航海記補遺』（岩波文庫）岩波書店　一九九一年
デフォー（平井正穂訳）『ロビンソン・クルーソー』上・下（岩波文庫）岩波書店　二〇〇二年
G・フォルスター『世界周航記』（17・18世紀大旅行記叢書第II期7・8）岩波書店　二〇〇二・〇三年
モンテスキュー（大岩誠訳）『ペルシア人の手紙』上・下（岩波文庫）岩波書店　一九五〇・五一年
ルソー（本田喜代治・平岡昇訳）『人間不平等起源論』（岩波文庫）岩波書店　一九九〇年
『イギリスの航海と植民』（大航海時代叢書17・18）岩波書店　一九八三・八五年
『フランスとアメリカ大陸』（大航海時代叢書19・20）岩波書店　一九八二・八七年

二次文献

ウルリヒ・イム・ホーフ（成瀬治訳）『啓蒙のヨーロッパ』平凡社　一九九八年
岩尾龍太郎『ロビンソン変形譚小史――物語の漂流』みすず書房　二〇〇〇年
ジュール・ヴェルヌ（榊原晃三訳）『ラ・ペルーズの大航海』NTT出版　一九九七年

I・ウォーラーステイン（川北稔訳）『近代世界システム一六〇〇〜一七五〇』名古屋大学出版会　一九九三年
I・ウォーラーステイン（川北稔訳）『近代世界システム一七三〇〜一八四〇』名古屋大学出版会　一九九七年
大野誠『ジェントルマンと科学』（世界史リブレット34）山川出版社　一九九八年
岡崎勝世『聖書vs世界史』（講談社現代新書）講談社　一九九六年
岡崎勝世『世界史とヨーロッパ』（講談社現代新書）講談社　二〇〇三年
川北稔『砂糖の世界史』（岩波ジュニア新書）岩波書店　一九九六年
E・W・サイード（板垣雄三・杉田英明監修、今村紀子訳）『オリエンタリズム』上・下　平凡社　一九九三年
L・シービンガー（小川眞里子・藤岡伸子・家田貴子訳）『科学史から消された女性たち』工作舎　一九九二年
L・シービンガー（小川眞里子・財部香枝訳）『女性を弄ぶ博物学』工作舎　一九九六年
E・タイユミット（増田義郎監修、中村健一訳）『太平洋探検史――幻の大陸を求めて』創元社　一九九三年
多木浩二『ヨーロッパ人の描いた世界――コロンブスからクックまで』岩波書店　一九九一年
多木浩二『船がゆく――キャプテン・クック支配の航跡』新書館　一九九八年
多木浩二『船とともに――科学と芸術クック第二の航海』新書館　二〇〇一年
多木浩二『最後の航海――キャプテン・クックハワイに死す』新書館　二〇〇三年
富山太佳夫『「ガリヴァー旅行記」を読む』岩波書店　二〇〇〇年
西村三郎『リンネとその使徒たち――探検博物学の夜明け』（朝日選書）朝日新聞社　一九九七年
西村三郎『文明のなかの博物学』上・下　紀伊國屋書店　一九九九年

H・バターフィールド（渡辺正雄訳）『近代科学の誕生』上・下（講談社学術文庫）講談社　一九九五年
ペーター・ヒューム（岩尾龍太郎・正木恒夫・本橋哲也訳）『征服の修辞学——ヨーロッパとカリブ海先住民　一四九二〜一七九七』法政大学出版局　一九九五年
ロイ・ポーター（見市雅俊訳）『啓蒙主義』岩波書店　二〇〇四年
レオン・ポリアコフ（アーリア主義研究会訳）『アーリア神話』法政大学出版局　一九八五年
正木恒夫『植民地幻想』岩波書店　一九九五年
P・J・マーシャル／G・ウィリアムズ（大久保桂子訳）『野蛮の博物誌——十八世紀イギリスがみた世界』平凡社　一九八九年
村上陽一郎『近代科学と聖俗革命』新曜社　一九七六年
J・メイエール（猿谷要監修、国領苑子訳）『奴隷と奴隷商人』創元社　一九九二年
トマス・ラカー（高井宏子・細谷等訳）『セックスの発明』工作舎　一九九八年
J・M・ロバーツ（金原由紀子訳）『近代ヨーロッパ文明の成立』（世界の歴史6）創元社　二〇〇三年
Urs Bitterli, *Die ‚Wilden‘ und die ‚Zivilisierten‘. Grundzüge einer Geistes- und Kulturgeschichte der europäisch- überseeischen Begegnung,* München 1991.
Urs Bitterli(hg.), *Die Entdeckung und Eroberung der Welt. Dokumente und Berichte,* 2 Bde., München 1981.
E. Ch. Eze(ed.), *Race and the Enlightenment,* Blackwell Publishers 1997.
Barbara Stollberg-Rilinger, *Europa im Jahrhundert der Aufklärung,* Stuttgart 2000.

図版出典一覧

J. B. Basedow, *Elementarwerk mit den Kupfertafeln Chodowieckis u.a.,* hg. v. Th. Fritzsch, 3 Bde., Leipzig 1909. (Nachdruck 1972) 73
R. Bernasconi(ed.), *Concepts of Race in the Eighteenth Century,* 8 vols., Thoemmes Press 2001. 55左, 56, 58, 59下, 79
P. Camper, *Über den natürlichen Unterschied der Gesichtszüge in Menschen,* übersetzt von S. Th. Sommerring, Berlin 1792. 77
A. E. Case, *Four Essays on Gulliver's Travels,* Princeton University Press 1945. 43下
J. C. P. Erxleben(hg.), *Göttingischer Taschen-Calender,* Göttingen 1776. 52右
S. Grimbly(hg.), *Grosser Atlas der Forscher und Entdecker,* München 2003. 32, 34, 35, 37, 51, 52左
H. Möller, *Fürstenstaat oder Bürgernation. Deutschland 1763-1815,* Berlin 1998. 15上左, 15下, 21上
G. Mraz/U. Schögl(hg.), *Das Kunstkabinett des Johann Caspar Lavater,* Wien 1999. 61
L. Schiebinger, *The Mind has no Sex? Women in the Origins of Modern Science,* Harvard University Press, 1989. 66左, 66右
W. Schivelbusch, *Das Paradies, der Geschmack und die Vernunft. Eine Geschichte der Genußmittel,* Frankfurt a. M. 1990. 31上, 31下
C. Stölzl(hg.), *Deutsche Geschichte in Bildern,* München/Berlin 1997. カバー表, カバー裏, 9上右, 9上左
B. Stollberg-Rilinger, *Europa im Jahrhundert der Aufklärung,* Stuttgart 2000. 9下
E. Taillemite, *Sur des mers inconnes Bougainville, Cook, Lapérouse,* Paris 1987. 50
R. Wheeler, *The Complexion of Race. Categories of Difference in Eighteenth-Century British Culture,* University of Pennsylvania Press 2000. 扉
Encyclopedia of the Enlightenment, 4 vols., Oxford University Press 2003. 17上, 17下, 21下, 24, 54, 55右
250 Jahre. Georg-August-Universität Göttingen, Göttingen, 1987. 36, 59上
ペーター・ヒューム（岩尾龍太郎・正木恒夫・本橋哲也訳）『征服の修辞学——ヨーロッパとカリブ海先住民 1492-1797』法政大学出版局 1995 84
ユニフォトプレス 15上右, 22

世界史リブレット88

啓蒙《けいもう》の世紀《せいき》と文明観《ぶんめいかん》

2004年6月25日 1版1刷発行
2021年8月31日 1版6刷発行

著者：弓削尚子《ゆげなおこ》

発行者：野澤武史

装幀者：菊地信義

発行所：株式会社 山川出版社

〒101-0047 東京都千代田区内神田1-13-13
電話 03-3293-8131(営業) 8134(編集)
https://www.yamakawa.co.jp/
振替 00120-9-43993

印刷所：明和印刷株式会社

製本所：株式会社ブロケード

世界史リブレット　第Ⅰ期［全56巻］

〈すべて既刊〉

1 都市国家の誕生
2 ポリス社会に生きる
3 古代ローマの市民社会
4 マニ教とゾロアスター教
5 ヒンドゥー教とインド社会
6 秦漢帝国へのアプローチ
7 東アジア文化圏の形成
8 中国の都市空間を読む
9 科挙と官僚制
10 西域文書からみた中国史
11 内陸アジア史の展開
12 歴史世界としての東南アジア
13 東アジアの「近世」
14 アフリカ史の意味
15 イスラームのとらえ方
16 イスラームの都市世界
17 イスラームの生活と技術
18 浴場から見たイスラーム文化
19 オスマン帝国の時代
20 中世の異端者たち
21 修道院にみるヨーロッパの心
22 東欧世界の成立
23 中世ヨーロッパの都市世界
24 中世ヨーロッパの農村世界
25 海の道と東西の出会い
26 ラテンアメリカの歴史
27 宗教改革とその時代
28 ルネサンス文化と科学
29 主権国家体制の成立
30 ハプスブルク帝国
31 宮廷文化と民衆文化
32 大陸国家アメリカの展開
33 フランス革命の社会史
34 ジェントルマンと科学
35 国民国家とナショナリズム
36 植物と市民の文化
37 イスラーム世界の危機と改革
38 イギリス支配とインド社会
39 東南アジアの中国人社会
40 帝国主義と世界の一体化
41 変容する近代東アジアの国際秩序
42 アジアのナショナリズム
43 朝鮮の近代
44 日本のアジア侵略
45 バルカンの民族主義
46 世紀末とベル・エポックの文化
47 二つの世界大戦
48 大衆消費社会の登場
49 ナチズムの時代
50 歴史としての核時代
51 現代中国政治を読む
52 中東和平への道
53 世界史のなかのマイノリティ
54 国際体制の展開
55 国際経済体制の再建から多極化へ
56 南北・南南問題

世界史リブレット　第Ⅱ期［全36巻］

〈すべて既刊〉

57 歴史意識の芽生えと歴史記述の始まり
58 ヨーロッパとイスラーム世界
59 スペインのユダヤ人
60 サハラが結ぶ南北交流
61 中国史のなかの諸民族
62 オアシス国家とキャラヴァン交易
63 中国の海商と海賊
64 ヨーロッパからみた太平洋
65 太平天国にみる異文化受容
66 日本人のアジア認識
67 朝鮮からみた華夷思想
68 東アジアの儒教と礼
69 現代イスラーム思想の源流
70 中央アジアのイスラーム
71 インドのヒンドゥーとムスリム
72 東南アジアの建国神話
73 地中海世界の都市と住居
74 啓蒙都市ウィーン
75 ドイツの労働者住宅
76 イスラームの美術工芸
77 バロック美術の成立
78 ファシズムと文化
79 オスマン帝国の近代と海軍
80 ヨーロッパの傭兵
81 近代技術と社会
82 近代医学の光と影
83 東ユーラシアの生態環境史
84 東南アジアの農村社会
85 イスラーム農書の世界
86 インド社会とカースト
87 中国史のなかの家族
88 啓蒙の世紀と文明観
89 女と男と子どもの近代
90 タバコが語る世界史
91 アメリカ史のなかの人種
92 歴史のなかのソ連